中华医学健康科普工程

突发应急事件公众心理应对指南系列丛书

突发应急事件社区工作人员心理健康的影响及应对

王长虹 高昶 丛书主编

李晏 张建宏 主编

中华医学会科学普及部
中华医学会行为医学分会
中华医学会精神医学分会
中国医师协会精神科医师分会
组织编写

中華醫學電子音像出版社
CHINESE MEDICAL MULTIMEDIA PRESS
北京

图书在版编目（CIP）数据

突发应急事件社区工作人员心理健康的影响及应对 / 李晏，张建宏主编．—北京：中华医学电子音像出版社，2021.1

（突发应急事件公众心理应对指南系列丛书 / 王长虹，高昶主编）

ISBN 978-7-83005-341-3

Ⅰ．①突…　Ⅱ．①李…②张…　Ⅲ．①突发事件 - 紧急事件 - 社区 - 工作人员 - 心理健康 - 影响 - 研究 - 中国　Ⅳ．① D669.3

中国版本图书馆 CIP 数据核字（2020）第 230549 号

突发应急事件社区工作人员心理健康的影响及应对

TUFA YINGJI SHIJIAN SHEQU GONGZUO RENYUAN XINLI JIANKANG DE YINGXIANG JI YINGDUI

主　　编：李　晏　张建宏
策划编辑：裴　燕
责任编辑：宫宇婷
校　　对：张　娟
责任印刷：李振坤
出版发行：中華醫學電子音像出版社
通信地址：北京市西城区东河沿街 69 号中华医学会 610 室
邮　　编：100052
E - mail：cma-cmc@cma.org.cn
购书热线：010-51322677
经　　销：新华书店
印　　制：北京云浩印刷有限责任公司
开　　本：880 mm×1230 mm　1/32
印　　张：5.625
字　　数：120 千字
版　　次：2021 年 1 月第 1 版　2021 年 1 月第 1 次印刷
定　　价：30.00 元

内容简介

本书为《突发应急事件公众心理应对指南系列丛书》之一，由中华医学会科学普及部、中华医学会行为医学分会、中华医学会精神医学分会和中国医师协会精神科医师分会组织相关专家编写而成，内容包括突发公共卫生事件的概述、突发公共卫生事件对社区工作人员的影响、社区工作人员心理问题的识别及应对策略、常见社区工作人员心理问题案例分析及常见的心理问题评估量表。本书具有科学性、实用性、指导性，不仅适合社区工作者，也可供公众和心理卫生工作者阅读参考。

《突发应急事件公众心理应对指南系列丛书》编写委员会

《突发应急事件社区工作人员心理健康的影响及应对》编写委员会

主　　审　王长虹

主　　编　李　晏　张建宏

副 主 编　孟　焱　李　欣

编　　委（以姓氏笔画为序）

史利静　新乡医学院第二附属医院

刘文文　河南省人民医院

李　欣　郑州大学

李　晏　郑州大学

张　磊　新乡医学院第二附属医院

张建宏　新乡医学院第二附属医院

张梦洁　郑州大学

张锦黎　徐州市中心医院

陈夕圆　广州医科大学附属脑科医院

陈雷音　新乡医学院第二附属医院

卓玉郎　厦门市湖里区殿前街道社区卫生服务中心

孟　焱　河南省人民医院

郭正军　新乡医学院第二附属医院

韩　雪　深圳市南山区慢性病防治院

学术秘书　张梦洁

主编简介

李晏，教授，硕士研究生导师，博士，中国心理卫生协会专家库优秀中青年专家，中国心理卫生协会“青年英才奖”获得者；现就职于郑州大学；兼任中华医学会精神医学分会社会心理服务研究协作组委员、社会精神医学学组委员，中国医师协会公共卫生医师分会委员，河南省高校健康教育教学指导委员会专家，河南省预防医学会精神医学分会副主任委员、儿少卫生专业委员会主任委员，河南省心理卫生协会常务理事，河南省医师协会青春期健康与医学专业委员会健康教育学组副主任委员等职务。

李晏教授致力于公共卫生 - 儿童少年卫生学的教学及科研，研究方向为心身疾病的心理评估及心理干预、儿童少年心理行为障碍。发表中英文论文 78 篇，主编及参编著作或教材 11 部，主持及参与各级科研项目 17 项，获得各级科技成果奖 9 项。

张建宏，副教授，主任医师，国家教育部学位与研究生教育发展中心论文评审专家，河南省卫生健康委员会应急专家库心理援助专家、医学科普专家库核心专家；现就职于新乡医学院第二附属医院；兼任国家援鄂心理医疗队（河南）大队长，健康中原行动专家咨询委员会委员，河南省预防医学会精神卫生专业委员会常务委员，河南省心理卫生协会常务理事，河南省医师协会精神科医师分会委员，河南省医学会医学科学普及分会委员等职务。

张建宏教授曾参加世界卫生组织连续性心理危机干预技术培训并获得相应证书；主持制定了河南省公民健康素养——心理卫生健康素养的标准化课件；主持河南省医学科技公关项目 1 项，出版著作 2 部。

序

突发应急事件是指突然发生，造成或可能造成严重社会危害，需要采取应急处置措施予以应对的自然灾害、事故灾难、公共卫生事件和社会安全事件。突发应急事件作为严重的外部应激源，当超出个体的应对能力时，会导致个体发生明显的生理反应和心理反应，即应激反应，可表现为一系列情绪、认知、行为和生理上的变化。2019 年底，新型冠状病毒肺炎疫情突如其来，是中华人民共和国成立以来传播速度最快、感染范围最广、防控难度最大的一次重大突发公共卫生事件，给人们的生命安全和身体健康带来了重大危害。这场疫情打乱了人们原有的生活节奏，给全国乃至全球人群带来了深远的精神心理影响。一项对全国 5 万余名居民进行的线上调查结果显示，新型冠状病毒肺炎疫情期间超过 1/3 的居民出现焦虑、抑郁、失眠或急性应激症状，且新型冠状病毒肺炎患者及其家人、一线工作者、隔离人群等更容易出现精神心理问题。世界卫生组织（WHO）总干事谭德塞指出，新型冠状病毒肺炎疫情对人们的心理健康产生深远影响，心理工作者应充分关注突发应急事件期间人们可能出现的心理卫生问题，及时发现并有效应对。

为提升人们在突发应急事件期间对心理健康的重视，且提高对精神心理问题的积极应对能力，加强对心理健康知识的了解，在中华医学会科学普及部、中华医学会行为医学分会、中华医学会精神医学分会及中国医师协会精神科医师分会的组织下，河南省精神卫生中心（新乡医学院第二附属医院）联合国内20多家高等院校和科研院所的医学专家，紧扣突发应急事件中加强心理干预和疏导的需求，撰写了《突发应急事件公众心理应对指南系列丛书》，结合新型冠状病毒肺炎疫情期间不同特征人群出现的心理反应和问题，分别对突发应急事件下成人、老年人、儿童青少年、大学生及特殊群体等不同人群的常见心理问题给予深入浅出的科学解释及应对策略指导，具有较强的针对性和实用性。同时，配套出版了视频、音频等系列出版物，包括突发应急事件不同人群的心理干预、常见心理障碍的识别与干预、常见心理问题的应对、常见心理减压技术等，旨在通过图书、视频、音频等不同形式，对突发应急事件下公众的心理问题识别及应对措施进行科学普及。感谢本系列丛书编审委员会各位专家及参与编写的医务人员在策划、选题、编审等工作中所做的贡献。

本系列丛书内容科学准确，语言通俗易懂，不仅可以作为公众心理卫生知识的科普读物，提高公众对突发应急事件的应对能力，也可以作为精神卫生工作者、心理健康工作者、心理援助热线工作者、临床医生及相关工作人员、社会工作者、社区防控人员等日常工作的工具书。

新型冠状病毒肺炎疫情作为近年发生的最严重的突发应急事件，是中华民族在伟大复兴征程中面临的一次前所未有的考验，伟大的祖国，英雄的人民，书写了人类历史上可歌可泣的抗疫篇章。灾难并不只能带来悲伤与痛苦，也能带来重塑与光明！疫情面前，没有局外人！希望我们通过这场战“疫”学会珍惜、自省、敬畏、感恩、担当、自律、静心、乐观，从这场战“疫”中汲取力量，在危机中成长，从磨难中奋起！

灾难磨砺精神，梦想凝聚力量！

中国科学院院士

北京大学第六医院院长

2020 年 12 月

前　言

突发应急事件包括自然灾害、事故灾难、公共卫生事件及社会安全事件等。本次新型冠状病毒肺炎疫情来势汹汹，它的高致病性、高传染性及高致死率，除了损害人们的身体健康，也冲击人们的心理健康。随着抗疫斗争取得的阶段性胜利，越来越多的心理问题突显。习近平总书记在 2020 年 3 月视察武汉时曾多次提到对疫区群众进行心理干预的重要性。

此次抗疫工作中的一个重要群休——社区工作人员，所面临的压力尤为突出。他们一方面是救灾者，肩负着公共卫生职责和国家防疫指令的落实；另一方面也是受灾者，面临抗疫战线过长、持续时间过久、工作任务过多的压力，一些社区工作人员甚至因为过度疲劳牺牲在抗疫一线，并且他们的家人也存在感染新型冠状病毒肺炎的各种风险，故社区工作人员成为需要心理干预的重点人群。为此，在中华医学会科学普及部、中华医学会行为医学分会、中华医学会精神医学分会及中国医师协会精神科医师分会的组织下，由郑州大学、新乡医学院第二附属医院联合国内 7 家医疗机构的专家和亲自参加武汉心理救援、一线社区工作的精神科及心理科工作者共同编写了本书。

本书分为 5 个部分，包括突发公共卫生事件的概述、突发公共卫生事件对社区工作人员的影响、社区工作人员心理问题的识别及应对策略、常见社区工作人员心理问题案例分析及常见的心理问题评估量表。此外，本书专门介绍了心理问题的运动干预方案，以帮助读者更好地理解和判断心理症状，并进行自我心理调适。作为心理问题的科普读物，本书不仅适合社区工作者，也可供公众和心理卫生工作者阅读参考。

本书在编写过程中得到了中华医学会科学普及部、中华医学会行为医学分会、中华医学会精神医学分会、中国医师协会精神科医师分会及新乡医学院第二附属医院领导的大力支持，在此表示感谢。

受编写水平和时间所限，对于书中的不足或错误之处，敬请各位专家和广大读者予以指正。

李　晏

2020 年 12 月

目　录

第一部分

概　　述

新中国成立以来，在中国共产党的领导下，我国的公共卫生事业取得了举世瞩目的成就，多种严重影响公众健康的传染病得到了有效防治，但随着经济发展和城镇化进程加快，人们在享受社会建设成果的同时，也面临着更多公共卫生问题的挑战。我国自 2003 年“严重急性呼吸综合征（severe acute respiratory syndrome，SARS）”事件后，先后颁布了《国家突发公共事件总体应急预案》《中华人民共和国突发事件应对法》《中华人民共和国传染病防治法》《突发公共卫生事件应急条例》等文件和法律，从制度和法律层面提供了指导性纲领，规范了突发公共卫生事件的应急策略和工作内容。突发公共卫生事件不仅会对社会造成人员损失、经济损失，还会对被波及的人群造成心理打击和创伤。在我国的应急体系中，与受灾当事人打交道最多的往往是基层社区的工作人员，他们的心理健康问题不容忽视。本部分主要介绍突发公共卫生事件的基本概念及社区工作的基本情况，便于制定针对性更强的心理健康策略。

一、突发公共卫生事件介绍

（一）突发公共卫生事件的定义

突发公共卫生事件是指突然发生，造成或可能造成社会公众健康严重损害的重大传染病疫情、群体性不明原因疾病、重大食物和职业中毒及其他严重影响公众健康的事件。日渐增长的国际贸易、旅行和气候改变可能极大加速了疾病向国界外扩散，引起国际传播。2003 年，全球性的公共卫生突发事件 SARS 后，世界卫生组织（WHO）通过了《国际卫生条例》，将类似事件定义为“国际公共卫生紧急事件（public health emergency of international concern，PHEIC）”，它是指“通过疾病的国际传播，构成对其他国家的公共卫生风险，并有可能需要采取协调一致的国际应对措施的不同寻常事件”。世界卫生组织宣布，发生 PHEIC 时，受影响的国家和地区可能需要考虑加强防控、提前准备应急措施、进行病例隔离等事宜。该条例颁布以来，世界卫生组织共宣布了 2009 年 H1N1 流感大流行等 6 起 PHEIC。

在我国，根据《国家突发公共事件总体应急预案》，突发公共卫生事件根据其性质、危害程度及涉及范围，划分为特别重大（Ⅰ级）、重大（Ⅱ级）、较重（Ⅲ级）和一般（Ⅳ级）4级。其中，特别重大突发公共卫生事件主要包括：①肺鼠疫、肺炭疽疫情在大中城市发生且有扩散的趋势，或肺鼠疫、肺炭疽疫情波及2个以上的省份且有进一步扩散的趋势。②发生传染性非典型肺炎、人感染高致病性禽流感且有扩散的趋势。③涉及多个省份的群体性不明原因疾病且有扩散的趋势。④新传染病或我国尚未发现的传染病发生或传入且有扩散的趋势，或发现我国已消灭的传染病重新流行。⑤发生烈性病菌株、毒株、致病因子等丢失事件。⑥周边及与中国通航的国家或地区发生特大传染病疫情，且出现输入性病例，严重危及我国公共卫生安全的事件。⑦国家卫生健康委员会认定的其他特别重大突发公共卫生事件。

突发公共卫生事件的成因多样，有肺鼠疫、肺炭疽等烈性传染病及自然灾害后继发的传染病引起的传统认识上的突发公共卫生事件；也有一些与大型事故、灾害密切相关的公共卫生事件，如环境污染、生态破坏、交通事故等；社会安全事件也是形成公共卫生事件的一个重要原因。其他突发公共卫生事件的成因还有动物疫源性疾病、致病微生物、药品危险使用、食物中毒、职业危害等。上述情况均导致应对突发公共卫生事件的难度和复杂程度上升。

现今，突发公共卫生事件有分布差异显著、传播范围广泛的特点。与传染病、微生物感染相关的突发公共卫生事件通常有一定的流行季节，社会通常可以通过提早准备应对措施有效减低此类事件的影响。一些地方性疾病、职业相关疾病与地区的自然环境、产业结构有关；此外，受突发公共卫生事件的影响，人群分布也有差异。从传播角度讲，目前正处于全球化进程加快的时代，现代交通工具便利、人员跨国流动性大，一些地区性传染病可能因为人员快速流动造成区域性甚至全球性传播。同时，新型病原微生物和新疾病的出现，如 20 世纪 80 年代出现的人类免疫缺陷病毒（又称艾滋病病毒）感染流行、2003 年 SARS 流行，也为社会带来了新的公共卫生问题和危机。

鉴于上述提到的突发公共卫生事件的成因、分布和传播情况十分复杂，应对这类事件需要进行综合决策并制定行动框架，同时也需要整个社会系统动员起来去协调，以尽快解除危机。社会能否对这类事件进行快速反应，首先取决于公共卫生体系和社会应急体系是否有足够的投入，这些投入既应该有资金，也应该有人力资源和技术。其次，在应对突发公共卫生事件时，社会各部门之间的联系和协作是非常重要的一环，这关系到在实施应急措施时，社会正常生活、生产秩序是否获得保障。再次，在应对全球性事件时，国家与国家、地区与地区之间，甚至全球范围内的协作必不可少，新型冠状病毒肺炎全球大流行的应对就是例证。最后，也不能忽视在突发公共卫生事件中个体的心理健康问题。个体在遭遇重大打击时，常出现焦虑、紧张、抑郁甚至更严重的精神心理问题，个体很可能将受到的这些负性影响带到社区层面，甚至造成社会恐慌，影响紧急事件的应对。还有一个不能忽视的事实是亲身参与一线应对突发公共卫生事件的工作人员会受到灾难的直接冲击，承受极大的工作压力，容易产生负性情绪，这个问题如果不能得到及时缓解，很容易给个体带来持久的不良影响。

（二）近年来发生的突发公共卫生事件

在新型冠状病毒肺炎（coronavirus disease 2019，COVID-19）暴发之前，近年来国际上也发生了多起严重突发公共卫生事件，分别是2002—2003年的SARS、2009年的甲型H1N1流感、2014年野生型脊髓灰质炎病毒疫情、2014年西非的埃博拉疫情、2015—2016年的寨卡疫情和2018年开始的刚果（金）埃博拉疫情。

1. SARS

非典型冠状病毒引起的SARS导致的传染病疫潮于2002年在中国广东发生，并逐步扩散至全国、东南亚乃至全球，直至2003年中期疫情才被逐渐消灭。这种由新种类病原体引起的呼吸道传染病具有传染性大、致死率高的特点，造成了包括相当数量的医务人员在内的多例死亡，使社会医疗系统受到严重冲击，在社会层面也引起了公众恐慌。截至 2003 年 8 月，中国内地累计报道 SARS 临床诊断病例 5327 例，死亡 349 例；全球累计报道临床诊断病例超过 8000 例，死亡 500 余例。SARS 疫情结束后，中国大幅度增加卫生防疫经费投入，在全国建设各级疾病预防控制中心，并建立了相对完善的疾病预防体系。与此同时，中国开始建立突发公共卫生事件的应急处置体系，2006 年颁布了《突发公共事件应急条例》，后来陆续颁布了《中华人民共和国突发事件应对法》《中华人民共和国传染病防治法》等纲领性法律，体现了“重在预防，关口前移，防患于未然”“既授予政府充分的应急权力，又予以规范”“对公民权利的限制和保护相统一”“建立统一领导，综合协调，分级负责”等科学理念。在这个时期，中国也根据自身行政架构特点建立了公共事件应急预案，大规模开展应急管理培训、应急知识宣传，健全应急物资储备保障、突发事件检测和预警机制，为公共事件的灾后处置和救援制定了工作规范，为日后应对同类事件奠定了良好的制度基础。

2. 甲型 HINI 流感

2009 年的甲型 H1N1 流感疫情是由 H1N1 流感病毒引起的流行病事件，导致美国约 60 800 000 例感染。在疫情流行期间，甲型 H1N1 流感导致了约 274 000 例住院治疗和约 12 469 例死亡。在我国，确诊病例约为 127 000 例，其中死亡 800 余例。这是世界卫生组织第 1 次宣布 PHEIC，在网络上产生了巨大影响，3 小时内网站被访问超过 200 万次，由于最后的病死率不高，被指造成恐慌，但之后的研究表明，甲型 H1N1 流感对年轻人有较高的致死率且有别于普通流感，值得格外警惕。

3. 野生型脊髓灰质炎

2014 年以来，野生型脊髓灰质炎病毒疫情扩散至巴基斯坦、伊拉克、叙利亚、阿富汗、赤道几内亚、喀麦隆、尼日利亚、埃塞俄比亚、索马里等国家。其在全球范围内已经基本得到控制，但在可以通过疫苗根治传染病的大背景下，个别国家的病例数突然增多，并出现了大量向其他国家的输出现象，而全球很多地区的人群已经不再对脊髓灰质炎产生免疫力。这次 PHEIC 至今尚未结束。由此可见，PHEIC 的终止需要相关国家全体人民的共同努力才能达到。2011 年 8 月，中国新疆维吾尔自治区发生了输入性野生型脊髓灰质炎病毒疫情，是中国实现无脊髓灰质炎目标 10 多年后首次发生的输入性疫情，新疆维吾尔自治区随即开展针对儿童和成人的大规模脊髓灰质炎病毒强化免疫活动，经过 1 年多的努力，有效阻断了脊髓灰质炎病毒的传播。在世界卫生组织宣布 PHEIC 后，我国采取了边境上严防严控、在南疆地区补种疫苗等措施，使得此次疫情没有在我国暴发。

4. 埃博拉病毒病

埃博拉病毒病（Ebola virus disease，EVD）原名埃博拉出血热，是一种严重、往往致命的疾病，影响人类和其他灵长类动物的生命健康。这种病毒由野生动物（如蝙蝠、豪猪和非人灵长类动物）传播给人类，然后通过直接接触受感染者的血液、分泌物、器官或其他体液及被这些体液污染的物体及其表面（如被褥、衣物）在人类中传播。EVD 的平均病死率约为 50%。在过去的 EVD 疫情中，病死率为 25%～90%。第 1 次 EVD 暴发在非洲中部靠近热带雨林的偏远村庄。2014—2016 年在西非暴发的 EVD 疫情是自 1976 年首次发现埃博拉病毒以来规模最大、最复杂的一次疫情。这次暴发的感染人数和死亡人数超过了以往所有感染人数和死亡人数的总和，并在各国之间传播，从几内亚开始，跨越陆地边界，到达塞拉利昂和利比里亚。这是世界卫生组织第 1 次在资源匮乏的地区宣布 PHEIC，也是近年来影响国家最多、致死率最高的疫情。

继 2014 年西非 EVD 疫情后，2018 年 8 月 5 日发生了埃博拉病毒的第 2 次大暴发。2018 年 12 月，刚果（金）政府宣布，东部地区的 EVD 疫情已经蔓延至主要城市布滕博。截至 2019 年 4 月 4 日，刚果（金）EVD 累计病例达 1100 例，其中 1034 例确诊，66 例疑似，690 例死亡。2019 年 7 月 17 日，世界卫生组织宣布，刚果（金）EVD 疫情升级为国际关注的突发公共卫生事件。值得注意的是，疫区中的武装冲突、选举等活动，使当地人对外来的医务人员缺乏信任，许多当地人认为EVD是一场“骗局”，甚至有些当地人认为该病是外国人带入刚果（金）以图利，进而导致多起针对医务人员的武装袭击事件发生，多名医务人员在该事件中死亡。

5. 寨卡病毒病

2015—2016年暴发了寨卡病毒疫情。寨卡病毒最早于20世纪40年代在非洲被发现，此后传播到东南亚、太平洋岛国和美洲地区。由于传播该病毒的伊蚊在全球都可以找到，故该病毒很可能会传播至更多国家。自2015年5月以来，寨卡病毒病在拉丁美洲国家和加勒比海周边国家大肆流行，已有18个国家报道了感染病例。疫情最严重的巴西，感染者多达150万例，新生儿小头症疑似病例激增至3894例。寨卡病毒被怀疑是新生儿小头症的“罪魁祸首”，故拉丁美洲多个国家公开呼吁妇女推迟妊娠。对于成年感染者，该病毒会导致格林-巴利（吉兰-巴雷）综合征。寨卡病毒疫情暴露了巴西医疗体系的结构性问题，尤其是公共卫生服务和基础卫生设施方面的问题，如缺乏医务人员、药品及饮水和排水设施等。

（三）新型冠状病毒肺炎疫情下我国的突发公共卫生事件响应

新型冠状病毒肺炎（COVID-19）简称“新冠肺炎”，

是世界卫生组织和国家卫生健康委员会对2019新型冠状病毒感染导致的肺炎的命名。2019年12月以来，湖北省武汉市部分医院陆续发现多例有华南海鲜市场暴露史的不明原因肺炎病例，现已证实为2019新型冠状病毒感染引起的急性呼吸道传染病。2020年1月30日，世界卫生组织总干事谭德赛宣布，新型冠状病毒肺炎的暴发构成PHEIC。2020年3月11日，世界卫生组织宣布新型冠状病毒肺炎为全球大流行病。

新型冠状病毒肺炎自暴发以来，全国31个省市（除港、澳、台地区外）先后启动了突发公共卫生事件Ⅰ级响应，根据国务院的决策部署和统一指挥，各省市分别成立了防控指挥部，组织协调行政区域内的应急处置工作。新型冠状病毒肺炎的流行对我国医疗卫生系统、公共管理系统带来的冲击是史无前例的。我国为防控疫情进一步发展，先后对武汉市及湖北省其他疫情严重的地区进行紧急封锁，暂停社会非必要经济活动，之后其他各省、市、地区陆续跟进，全国进入“紧急”状态。中国应急管理体系全面启动，自上而下执行突发公共卫生事件（或公共事件）响应。此时，中国整个社会系统的运行高度依赖于以社区为基本单位的公共服务系统，即各级人民政府负责统筹协调政策和资源，逐层分工，由基层社区开展包括防疫管控、供给民生服务、保障公众日常生活基本需要等繁重复杂又不可或缺的任务。

二、社区工作人员的职责

（一）社区工作简述

1. 社区的概念

社区是引入的外国词汇，英文单词为“community”，后来得到了广泛应用。“community”一词含有公社、团体、社会、公众及共同体、共同性等多种含义。因此，社会学者有时使用“community”描述团体或非地域共同体。有学者发现，许多社区定义的表述都包括地域、共同纽带及社会交往 3 个方面的含义，认为这 3 个方面是构成社区必不可少的共同要素。因此，人们至少可以从地理要素（区域）、经济要素（经济生活）、社会要素（社会交往）及社会心理要素（共同纽带中的认同意识和相同价值观念）的结合上来把握社区这一概念，即把社区视为生活在同一地理区域内、具有共同意识和共同利益的社会群体。在西方国家，以“community”为单位的管理或自治方式有所差异。在美国，政权管理分为联邦政府、州政府、基层政府 3 个层级，市政府属于基层政府，其下设若干个居民服务中心，作为市政府的派出机构，发挥听取居民意见、居民参与决策的作用。新加坡则建立了在政府主导控制下的社会组织和居民参与共同治理的运行机制。

近年来，我国有学者对社区开展了深入的理论研究，但本文所提及的社区是指一个居民委员会管理的地域范围内生活的所有居民所构成的集体。我国现存的大部分社区是由城镇的居民委员会（简称“居委会”）改名而来的，少部分是由并入城镇的村民委员会（简称“村委会”）改名而来的。居委会在法律上是社区居民的自治组织，但在城市管理中，社区居委会实际是政府在社区基层的管理组织。中国农村地区的自治组织一般以村为单位，由村委会作为管理载体进行自治，类似于城镇的“社区”，为方便阐述，本文不再做区分，统一称为“社区”。

2. 中国社区工作的内容

前文已经说明，居委会 / 村委会在中国实际上是政府在社区基层的管理组织，其工作职能除了居民自治外，还被赋予了更多政府职能。社区的一般工作内容包括以下几项：一是上传下达，包括对下贯彻和传达党和政府的方针、政策，以及对上汇报基层的情况和动态，成为居民个体、家庭与政府之间的纽带，起到充当信息渠道的作用；二是了解社情民意，掌握社区纠纷，调和邻里矛盾，维护社区生活秩序；三是完成街道办事处（镇政府）交办的工作任务，如优抚、扶助弱势群体及为老年人和残疾人服务等；四是维护社区稳定，协助公安机关维持社会治安。事实上，社区的工作内容非常繁杂，与社会生活的各方面都密切相关，且随着中国社会治理的发展，社区工作的范畴日益明确，人们也看到了社区在应对突发公共卫生事件时发挥了重要应急处置作用。在应对新型冠状病毒肺炎全国社会生活基本停摆期间，社区在很大程度上成为维持社会运作的基本单位。

社区在突发公共卫生事件应急处置中担任重要角色，社区是社会应急管理最基础的单位之一。社区通常在应对突发公共卫生事件中担当前哨、警示、处置者和后续管理者的角色。中国社区由于其职能具有特殊性，可以视作政府在全社会最前端的管理网络，尤其是中国大力推行“网格化”管理后，社区工作人员通过广泛接触社区居民获取各种突发事件的信息和线索，上级政府部门利用这类信息进行大数据分析，获得了更加直观和全面的公共危机发展脉络，为制定应对策略提供了基础支持。同时，上级政府可以透过社区工作网络将应对突发公共事件的措施及时铺开，迅速控制局面，避免产生更大的公共危机。

3. 社区网格化管理

网格化管理模式就是依托同一个城市管理和数字化管理平台，将城市管理辖区按照一定的要求划分成独立的单元网格的管理方式。与传统的社区管理模式相比，社区网格化管理具有 4 个特点：一是由被动管理变为主动管理；二是由传统管理变为信息化管理；三是由粗放化管理变为精细化管理；四是由偏重化管理变为服务化管理。城市社区网格化管理是一种动态的治理模式，工作重心下移，资源下放。传统的管理模式在获得信息方面基本上是被动的，经常是在一类问题积攒到一定程度，带来恶劣的影响以后，管理工作才着手实施，从而有了所谓的“突击式管理”“运动式管理”。在城市管理环节，网格化管理能够有效提升职能部门的主动性，并且还可以充分解决管理过程中出现的各种问题。如果一旦网格内有任何环节出现了问题，那么在此之后都可以采取最快的速度将该问题解决。网格化管理可以将社区管理各方面的主动性不断增强，实现了准确、有效的动态化管理。

与传统的社区管理模式不同，网格化管理是一种数字网络管理模式，与当下的信息技术紧密联系，3S技术［遥感技术（RS）、地理信息系统（GIS）、全球定位系统（GPS）］、海量数据库、移动通信技术、中间件技术等共同支撑网格化管理模式。在网格化管理模式的蓝图中，科学信息技术与现代管理思路有机合并，为社区管理工作提供了技术保障，实现了工具理念与社会管理的高度契合，并最终共同为社区网格化管理提供服务。精细化管理通过管理的细化和深化，明确各部门的关键着力点，建立及时、高效、合理的业务流程。精细化管理是网格化管理的发展目标和本质要求，城市社区网格化管理摒弃了传统管理粗放、落后的弊端，推动社区网格化管理向精细化方向前进。同时，依托管理手段的数字网络化，保证了管理的及时、准确和高效。社区管理工作更加注重以人为本，从居民实际需求出发，使社区管理的方式和内容更加精细、更具有针对性，提升了居民的满意度。

传统的社区管理模式往往力度很大，实际效果却较差。管理系统内信息的单向传递、政令混乱发布是导致这种现象的重要原因，最具有代表性的是行政命令式管理，在控制论上属于比较典型的开环控制。网格化管理模式建立了监管分离的两极管理模式，监督工作人员既负责信号录入，也负责评测结果，对整个管理过程起全面控制的作用。同时，社会公众的意见构成了监督评价体制的重要组成部分；另外，也对不同部门的实际工作有了全方位的了解，进而能够让相关部门的工作得到全面实施。网格化管理同样也是闭环管理的工作形式，能够提高管理的能力和水平。

（二）社区工作人员的组成

社区工作人员是指经过一定的选拔或公开招考程序，被各街道（镇）或社区的“两委一站”（党委党组织、居委会、社区服务站）选用的工作人员，并以社会基层社区为基本的服务区域，与其他公益服务的专职工作人员一同为居住在小区内的各类人群提供各种公共服务（协同治理）。一般来说，社区工作人员是指居委会/村委会的干部和网格员，而本文主要关注突发公共卫生事件下所有参加一线应急工作的社区工作人员，所以，本文将介绍广义的社区工作人员。

1. 一般社区工作人员

社区工作人员是指在社区党组织、社区居委会和社区服务站专职从事社区管理和服务，并与街道（乡镇）签订服务协议的工作人员。社区工作人员的主要工作包括召开社区居民代表大会、做好信息传递、建好社区工作台账、按照分工做好居民自治协调工作等。

2. 派出所民警和辅警

派出所民警是指在派出所工作的人民警察。公安派出所是市、县（区）公安局管理治安工作的派出机关，是公安机关的基层组织，是多功能综合性的作战实体。辅警（警务辅助人员）是指根据社会治安形势发展和公安工作实际需要，由县级以上地方人民政府或公安机关采取向社会力量购买服务、依法签订劳动合同或聘用合同等方式招聘使用，参照《公安机关人民警察纪律条令》管理，为公安机关日常运转和警务活动提供辅助支持的非人民警察身份人员。

3. 村委会

村委会是中国乡（镇）所辖行政村的村民选举产生的群众性自治组织，由主任、副主任和委员 3～7 人组成。

4. 居委会

居委会是居民自我管理、自我教育、自我服务的基层群众性自治组织，是中国人民民主专政和城市基层政权的重要基础。在中国的城市地区，有 4 亿多居民通过居委会制度直接行使宪法赋予的自治权和民主管理经济、文化及社会事务的权利。

5. 民政干事

民政干事是社区工作人员的分工之一，其职责包括宣传有关帮扶救助的政策法规、提供有关帮扶救助工作的政策咨询服务及为困难群体提供救助申报服务等。

6. 残疾人干事

残疾人专职干事一般是指身有残疾但具备相关职业素质和工作能力，通过公开招聘等方式选拔到乡镇（街道）残疾人联合会，协助残疾人联合会理事长，承担残疾人联合会的日常工作，处理相关业务的残疾人工作者。

7. 社区网格员

社区网格员是指在一个社区的网格化管理组织中承担具体任务的工作人员，可以是领导干部、社区负责人、社区一般工作人员、教师、医生、警察等。主要职责包括采集社区的各类基础信息，排查上报矛盾纠纷、不安定因素、安全隐患等各类动态信息，开展法制和治安防范宣传，服务帮助特殊群体等。

8. 基层医务人员

基层医务人员是指在基层医院工作的医务人员，是相对于在较大型和大型医院工作的医务人员而言的。基层医院一般是指一级医院及以下等级的医疗机构（如乡镇卫生院、村卫生室及社区医院）。

9. 社会工作者

社会工作者是指在社会福利、社会救助、社会慈善、劳动保障、残障康复、优抚安置、医疗卫生、青少年服务、司法矫治等社会服务机构中，从事专门性社会服务工作的专业技术人员，通常简称“社工”。社工的主要职责是对各种社会问题和各类处于困境的社会成员进行专业化帮扶，其存在有效地弥补了政府公共服务的不足。

10. 社区志愿者

社区志愿者是指以社区为范围，在不为任何物质报酬的情况下，能够主动承担社会责任的人员。

（三）突发公共卫生事件中社区工作人员的职责

突发公共卫生事件具有偶发性和不确定性，本质是一种应急事件。在突发公共卫生事件中，社区是应对突发应急事件的第一现场和首要环节。在我国的应急管理体系中，社区工作人员需要参与应急管理的全过程，既是各项应急工作的直接执行者，有时又要作为应急工作的协调者面对多部门的工作人员承担组织协调工作，面临角色多、事务繁杂等情况。

1. 社区防控要求

2020年1月25日，国家卫生健康委员会发布《关于加强新型冠状病毒感染的肺炎疫情社区防控工作的通知》（以下简称《通知》），要求充分发挥社区的动员能力，实施网格化、地毯式管理，群防群控、稳防稳控，有效落实综合性防控措施，做到“早发现、早报告、早隔离、早诊断、早治疗”，防止疫情输入、蔓延、输出，控制疾病传播。社区工作人员根据所在社区疫情采取不同的疫情防控策略及措施，根据《通知》的要求，所在社区划分为3种情况，即社区未发现病例、社区出现病例、暴发疫情和社区传播疫情。针对这3种情况，防控要求逐级增加。

社区未发现病例时，采取的策略是“外防输入”，社区工作人员承担防疫组织动员、健康教育、信息告知、疫区返回人员管理、环境卫生治理及物资准备等工作。

（1）组织动员：社区要建立新型冠状病毒肺炎疫情防控工作组织体系，成员以街道（乡镇）和社区（村）干部、社区卫生服务中心和家庭医生为主，鼓励居民和志愿者参与，组成专职和兼职结合的工作队伍，实施网格化、地毯式管理，责任落实到人，对社区（村）、楼栋（自然村）、家庭进行全覆盖，落实防控措施。

（2）健康教育：社区充分利用多种手段，有针对性地开展新型冠状病毒肺炎防控知识宣传，积极倡导讲卫生、除陋习，摒弃乱扔、乱吐等不文明行为，营造“每个人是自己健康第一责任人”“我的健康我做主”的良好氛围。使公众充分了解健康知识，掌握防护要点，养成勤洗手、多通风、保持清洁的良好习惯，减少出行，避免参加集会、聚会，乘坐公共交通或前往人群密集场所时做好防护，戴口罩，避免接触动物（尤其是野生动物）、禽类或其粪便。

（3）信息告知：社区向公众发布就诊信息，即出现呼吸道症状且无发热者到社区卫生防护中心（乡镇卫生院）就诊，发热患者到发热门诊就诊，新型冠状病毒感染者到定点医院就诊；每日发布本地及本社区疫情信息，提示出行、旅行风险。

（4）疫区返回人员管理：社区要发布告示，要求疫区返回人员应立即到所在村支部或社区进行登记，并到本地卫生院或社区卫生服务中心进行体检，每日 2 次，同时主动自行隔离 14 日。所有疫区返乡且出现发热、呼吸道症状者，及时就近就医排查，根据要求居家隔离或到政府指定地点或医院隔离，其密切接触者也应立即居家自我隔离或到当地指定地点隔离。疫区返回人员在隔离期间应与本地医务人员或疾病预防控制中心保持联系，以便跟踪观察。

（5）环境卫生治理：社区开展以环境整治为主、药物消杀为辅的病媒生物综合防治措施，对居民小区、垃圾中转站、建筑工地等重点场所进行卫生清理，处理垃圾污物，消除鼠、蟑、蚊、蝇等病媒生物的滋生环境；及时组织开展全面的病媒生物防治与消杀工作，有效降低病媒生物的密度。

（6）物资准备：社区和家庭置备必需的防控物品及物资，如体温计、口罩、消毒用品等。

当社区出现病例或暴发疫情时，采取“内防扩散，外防输出”的策略，在上述 6 项措施的基础上增加 2 项措施，即密切接触者管理和加强消毒。

（7）密切接触者管理：充分发挥社区预防保健医生、家庭签约医生、社区干部等网格管理员的作用，对新型冠状病毒肺炎确诊病例的密切接触者开展排查并实施居家或集中医学观察，有条件的社区应明确集中观察的场所。社区工作人员应每日随访密切接触者的健康状况，指导观察对象更加敏感地监测自身的变化，并随时做好记录。社区工作人员应做好患者的隔离控制和转送定点医院等准备工作。

（8）加强消毒：社区要协助疾病预防控制机构，做好病例家庭、楼栋单元、单位办公室、会议室等疫点的消毒，以及公共场所的清洁、消毒。

最严重的情况是出现社区传播疫情，这种情况主要采取“内防蔓延，外防输出”的策略，除外上述8项措施，另增加疫区封锁、限制人员聚集这2项措施。

（9）疫区封锁：对于被划为疫区的社区，必要时可采取疫区封锁、限制人员进出、临时征用房屋和交通工具等措施。

（10）限制人员聚集：社区内限制或停止集市、集会等人群聚集的活动，关闭公共浴池、温泉、影院、网吧、KTV、商场等公共场所；必要时，社区内全体居民停工、停业、停课。

2. 社区防控的具体职责

社区是提供居民生活和工作的关键场所，同样也是多种灾害暴发和承受的地点。人口的高流动性和社区复杂的结构使传染病不易得到有效控制，可能在短时间内流至外地或被带入当地其他社区。在传染病的防控中，社区防控工作主要为发现传染源和切断传播途径。在实际工作中，社区工作人员常组成一个工作小组，互相配合，作为一个整体开展工作。

在新型冠状病毒肺炎疫情期间，社区工作人员承担对重点地区人员和密切接触者做好管理和居家隔离指导，以及对所在社区进行管理、消杀和健康宣教的工作。例如，某地区社区防控工作最基本的实施单位是社区联防联控3人组，由社区工作站人员、派出所联络民警及社区健康服务中心医务人员组建，完成所有基于社区的防控工作。

（1）对重点地区来到本社区的人员进行居家隔离医学观察指引。由社区网格员对来社区的人员进行排查，当有重点地区的人员到来时，须告知其相关事项，指导其开展居家自我隔离，并向社区汇总和上报信息。社区卫生服务中心的医务人员应致电告知该人员相关法律责任及义务、个人卫生及防护健康指导、医疗垃圾处置方法。社区工作人员每日致电询问监测对象的体温及咳嗽、气促等急性呼吸道症状的情况，并做好相关记录。当社区工作人员发现被监测对象的体温≥37.3℃且出现咳嗽、气促等症状，需要立刻联系联防联控3人组，并通知辖区内的社区卫生服务中心。联防联控3人组严格限制被监测对象外出；社区卫生服务中心将情况上报给上一级部门，并联系就近发热门诊，通过救护车将被监测对象转送至医院。联防联控3人组每日核对当日的工作信息，并按规范上报。

（2）对本社区的密切接触者进行居家隔离医学观察指引。社区工作人员负责本社区密切接触者的居家隔离医学观察实施。在区疾病预防控制中心或街道防保所向各社区工作站及社区卫生服务中心通报密切接触者的人员信息后，社区工作站再电话核实被观察对象的基本信息，由联防联控3人组一起上门开展医学观察工作。主要的工作内容包括信息告知、指导和协助居民开展居家隔离；以及信息的汇总和上报。联防联控3人组应告知居民医学观察的原因、期限、法律依据、注意事项、疾病相关知识及工作联系方式。联防联控了人组指导居民开展居家隔离的内容包括：指导居民每日至少进行2次体温测定，同时询问其是否出现急性呼吸道症状或其他相关症状；指导密切接触者及其家人如何进行居家隔离、医疗垃圾的处理和存放及预防性消毒等工作；回收居民家中的医疗垃圾。在完成上述工作后，联防联控3人组还应记录当日的工作情况，并对目前社区内的医学观察情况进行汇总和上报。

（3）对所在社区进行管理、消杀和健康宣教。社区工作人员需要保证所在社区所有公共休闲、娱乐、文体场所及设施关停；要求所有人员在进出公共场所时佩戴口罩；还需要加强夜间人员聚集活动的管控，及时劝阻人员聚集。如果所在社区出现确诊病例，社区工作人员应要求所在小区禁止外来人员、车辆进入，并加强消杀。对于相邻的重点区域如地铁站、菜市场等人员聚集场所也要加强消杀和防控。社区工作人员负责在社区悬挂宣传横幅，形成群防群控的良好氛围。

（韩　雪　李　晏）

第二部分

突发公共卫生事件对社区工作人员的影响

一、社区工作人员的压力来源和受到的影响

（一）压力来源

突发公共卫生事件因其破坏力和引起全球暴发的潜在可能，对个人和社区的安全及社会稳定存在不良影响。自1918年暴发高致死性流感以来，仅有少数几种传染病导致全球范围的威胁。严重急性呼吸综合征（SARS）和禽流感引起了世界对全球范围内传播的传染病的关注。2003年，亚洲多个国家和加拿大暴发的SARS没有导致大规模的暴发或全球流行，但为流行病暴发下的人群心理卫生状况提供了最新数据。

在SARS暴发期间，约40%的公众体验到家庭和工作环境中的压力增加，约16%的公众出现应激症状，许多人感到无助、担心和恐惧。约30%的公众认为自己会患

SARS，而仅15%的公众认为如果他们患上该病后能够幸存。一线工作人员出现心理问题的风险高于普通人群。有研究报道，护理SARS患者的护士有很高的应激水平，约11%有创伤后应激反应，包括抑郁、焦虑、敌意和孤独症状。压力是当出现引起身体和情绪不愉快的刺激及事件时，个体出现的生理和心理反应。当个体认为某种情况的需求大于应对这种情况的资源时，通常会感到压力。突发公共卫生事件下，个体长期处于焦虑情绪中，除了突发事件本身带来的压力，日常生活事件如育儿或遇到交通状况也可能成为压力来源。

在新型冠状病毒肺炎疫情期间，社区工作人员是疫情防控的一线工作人员，承受较大的压力。这些压力既与常规的职业压力有重叠，也有突发公共卫生事件下新增的压力。可以将这些压力分为工作的直接压力、工作变化产生的压力、人际关系的压力、工作与生活不平衡导致的压力或工作场所的条件或问题造成的压力及其他压力。

1. 工作的直接压力

（1）工作量过大：在疫情防控期间，社区工作人员的工作量剧增，人手不足，没有足够的时间完成工作，直接的后果就是工作人员产生被工作淹没的感觉。

（2）工作节奏变化：在疫情的影响下，原有的工作计划延迟或被取消；受到新增加工作的影响，原有的工作节奏被打乱；新的工作任务也可能影响了原有工作的进度，带来额外的压力。

（3）轮班 / 工作时间：工作量增大和工作节奏的变化，导致工作时间延长或是需要轮班。较长的工作时间可能导致社区工作人员得不到足够的休息，轮班则可能引起睡眠剥夺和生物节律紊乱。

2. 工作变化产生的压力

（1）工作性质的变化：在突发公共卫生事件中，社区工作人员可能被要求从事之前未曾接触过的工作或已有的技能与新增加的工作要求不符，而直接感受到来自工作的压力。例如，社区工作人员在疫情防控期间需要做监测体温等医疗相关行为。此时，可能是工作人员个体缺乏相关技术的培训，也可能是工作人员所在的社区缺乏开展新工作的准备，均会导致新的压力。

（2）角色冲突：社区工作人员可能面临工作需求冲突、角色过多、有多个主管等情况。例如，社区工作人员需要参与居民隔离、社区消杀、场所管控、健康宣教等工作，协调医疗、公安等各种资源，在不同角色中频繁切换，会产生巨大压力。

3. 人际关系的压力

（1）与共事者的关系：对于社区工作人员，这种压力常来自于直接布置工作的上一级管理人员，可能会因为工作的性质与分配、完成工作的时间、是否具备足够的支持等产生矛盾，形成人际冲突。另一种冲突可能来自于同事，在工作分工、责任分派或轮班等方面产生分歧，或认为在工作时未能得到同事足够的支持。

（2）受到威胁或骚扰：社区工作人员在工作中可能受到威胁，这种威胁可能是口头威胁或对人身安全的威胁。

（3）缺乏信任或理解：社区工作人员在实际工作中，可能遇到不理解隔离政策、拒绝防疫措施等情况，这些情况不仅直接增加了防疫工作的难度，也会使社区工作人员产生不被理解、缺乏成就感等心理体验。

（4）受到偏见或歧视：由于对传染病传播能力的恐慌，一些人可能会错误地扩大防范范围，导致将可能接触患病人群或从事相关工作的人员作为防范对象。在新型冠状病毒肺炎流行初期，曾有报道在定点医院工作的护士被所居住小区拒绝进入的情况，社区工作人员由于可能接触新型冠状病毒肺炎确诊患者而受到歧视。

4. 工作与生活不平衡导致的压力

（1）角色/责任冲突：较长的工作时间、轮班或工作性质（如频繁的探访居家隔离对象）可能影响社区工作人员作为其他社会角色的功能，如陪伴家人的时间缩短、难以照顾孩子等，除了直接引发压力和自责，还可能引起其他人际冲突。

（2）家庭面临与工作有关的危险：社区工作人员可能因接触感染者或潜在的感染者及需要往返于医院和社区而增加感染风险，这种情况使其家人暴露于感染风险的可能增加。与在定点医院工作的医生不同，社区工作人员的感染防护知识不足，也缺乏完成工作后的清洁程序，这些都增加了他们对家人感染疾病的担忧。

5. 工作场所的条件或问题造成的压力

（1）暴露于危险或不愉快的环境中：在工作中暴露于更高的感染风险是社区工作人员压力的主要来源。密闭或恶劣的工作环境、需要长时间穿防护服、不熟悉防护操作等，均会影响社区工作人员的心理状态。此外，有些社区环境复杂，直接增加了社区工作人员进行消杀、探访工作的难度，完成原定工作的时间增长，也增加了工作人员的压力。

（2）防护不足：在疫情传播初期，防护用品短缺是普遍存在的现象。防护不足带来的感染风险增高会给社区工作人员造成显著压力。

（3）工作场所隔离：有些社区工作人员面临独自工作的情况，这种社交隔离会引起个体明显的焦虑。

6. 其他压力

除了上述压力外，社区工作人员还可能因缺乏社会支持、在防疫形势下对所负责工作职责不清、无法参与或不参与某个决策、缺乏认可等情况出现压力。

压力对身体的常见影响包括头痛、肌肉紧张或疼痛、胸痛、心率和血压升高、免疫系统功能下降、疲劳、失眠、消化问题、高血糖、血液中的胆固醇和脂肪酸升高等。压力还会影响个体的情绪或思维，导致个体出现健忘、焦虑、烦躁、易激惹、情绪波动、愤怒及沮丧等问题，可能会使个体思考或集中注意力的能力下降。当个体处于这种状态时，更可能出现分心（容易导致危险）、感到孤单、情绪暴发、忽略自己的责任、判断失误、身体损伤、在需要手眼或足眼协调的正常活动中反应不良及原有的慢性疾病加重等情况。

持续的压力会影响社区工作人员的身心健康，出现情绪低落、焦虑、倦怠等问题。这些问题进一步增加了个人承受的压力，进而增加了发展或加剧心理障碍的可能性。心理健康问题的范围很广，从轻度的心理问题（如情绪低落、睡眠困难或过度担心）到严重的精神障碍（如精神分裂症、重性抑郁症和双相障碍）。绝大多数个体在压力下尚未达到可诊断的精神障碍，但这些因素可能会增加发生精神障碍的可能性，或使现有的疾病恶化，并影响有效的治疗和康复。提供支持性的工作环境可以减少心理问题的发生，减轻心理问题的严重程度，影响和减少不良情绪的持续时间。

（二）躯体及心理影响

突发应急事件，特别是威胁生命安全、社会稳定的灾难性事件，如 2002 年的大连空难、2003 年的 SARS、2004 年的印度洋海啸、2008 年的汶川大地震及 2020 年席卷全球的新型冠状病毒肺炎，都会给人们带来巨大的压力和挑战，使人们处在应激状态下。

应激对人类健康有双重作用。在积极方面，应激会动员机体非特异性的适应系统，增强体质和适应能力，维持机体的稳态平衡。在情绪上，应激能带来鼓励和振奋。在行为上，应激能够促进糖原分解成葡萄糖，给机体的行动提供能量，让人有精力充沛的感觉，促进机体动起来。在这种情况下，人们更容易把注意力集中在需要应对的事情上，使效率提高。当适应的最佳时期过去，机体进入耗竭期，而应激因素仍然存在或应激的强度过大时，机体的稳态平衡就会被破坏，进而产生一系列的心身反应。因为人类的中枢神经（大脑）可以分成不同部分，一部分负责基本的生理功能和危险探测，包括心率、呼吸、体温及“吃喝拉撒”和面临危险时的警报系统。一旦遭遇危险，这部分警报器最先发出警报，在人们的理智还没有发挥作用前，通过自主神经系统激发或减慢身体反应，即寻求帮助、战斗或逃跑、降低与逃生无关的内脏消耗等。所以面临威胁时，有人会尖叫、心搏加快、血压升高，有人会出汗、呕吐、失禁，有人会肌肉紧绷、力量爆发，这些都是自主神经“工作”带来的效果。

普通人因疫情隔离在家时，社区工作人员的工作量比以往更多、更重。社区工作人员直接接触各类人群，被传染的风险增高，身体健康及生命安全直接受到威胁，不可避免会产生紧张、害怕等情绪；工作重心转移，紧急应变的事件增多，工作强度高、时间长，身体极度疲劳，容易陷入耗竭的状态中；责任重大，工作的成效直接关系社会的稳定，担心、焦虑等情绪也应运而生；还要面对公众的不理解，对家人的内疚、自责，左右为难，情感表达受阻，更容易产生各种心理和躯体反应。

这些反应表现各异，简单将其归纳如下。

1. 情绪反应

一线社区工作人员可能会出现焦虑、紧张、担心、不安、恐惧等情绪，这些情绪不仅是对突发应急事件本身的反应，还有工作中来自上级和公众的压力。一线社区工作人员进行严防严控工作，就需要约束公众，且需要进行大量的宣传、解释，必然会承受很多的委屈和愤怒。一线社区工作人员长期处于这样的环境中，也会变得烦躁、易激惹、易发脾气、无法耐心解释、无法安心工作，抱怨和愤怒自然会出现。此外，一线社区工作人员将大量的精力放在工作上，导致无法照顾家人，也会因为自己接触了患者给家人带去风险而感到内疚、自责，进而产生抑郁、闷闷不乐、冷漠等情绪，对自己经历的一切感到麻木、困惑、无助。

2. 认知反应

一线社区工作人员长期处于高强度的压力之下，会变得注意力难以集中、记忆力下降、思维不清晰、大脑一片空白、反应迟钝、理解力和判断力下降，可能一件任务交代下来，上级工作人员都说完了，自己还没明白是什么意思，好像听到了字，却无法组合成一段有意义的话；头脑轰鸣，觉得有很多事情需要处理，却理不清头绪，不知从哪里开始；决策困难，自觉做不了决定，帮不了他人，对自己的评价下降，感到无助、绝望；敏感多疑，怀疑自己的能力，怀疑他人对自己的评价，对领导、同事、朋友及家人都抱有一种不信任的态度；有非真实感的体验，对周围熟悉的环境和人也常有种隔层面纱看不清晰的感觉，或觉得他人都在舞台上，而自己是旁观者。

3. 行为反应

一线社区工作人员可能会反复核查疫情相关信息，跟同事反复确认上级的指令，或反复确认工作流程；因担心自身健康，进而反复测体温、清洗、消毒；为了不给家人带去风险，尽量减少活动的直径；由于工作时间长、节奏紧，也没有办法经常跟家人用网络、电话等方式进行沟通，变得回避社交；工作难以安心，心烦意乱，不由自主地联想无意义的事情，明知道没有必要，却控制不了；过度警觉，有点儿风吹草动就觉得灾祸将近，甚至变得冲动、易发怒；觉得自己无法胜任工作，想要逃避；通过大量吸烟或饮酒来缓解压力。

4. 生理反应

一线社区工作人员最容易出现的生理反应就是睡眠问题。例如，入睡困难，躺在床上久久难以入眠；睡眠浅、多梦且为噩梦，即使睡着也觉得自己一直在做梦，甚至能记得梦境，梦中也不安稳；睡眠不持久，中途多次醒来，难以再入睡；早醒，平时能睡到早晨六七点钟，现在可能凌晨二三点钟就醒了。其他的生理反应可涉及全身各个系统，如头晕、头痛、咽部不适（觉得咽部疼痛、干痒或有异物堵塞感）、咳嗽、心慌、胸闷、呼吸不畅、憋气、恶心、腹部不适、腹泻、胃肠胀气、食欲缺乏、尿频、尿急、出汗、肌肉紧张及发抖、疲乏无力、自我感觉发热、全身肌肉疼痛，特别是肩背部和腰部疼痛。

这些生理反应并非独立存在。例如，一线社区工作人员因过度紧张、焦虑，会担心疫情、担心自己在工作中是否有遗漏、担心新型冠状病毒肺炎会不会传染家人等，进而对工作细节吹毛求疵，力求做到最好，当现实无法达到预期时，就会变得易激惹、发脾气；大脑高速运转，思考如何能完善工作，同时应对紧急事务，很容易顾此失彼，为了避免遗漏，反复检查、核对；为了不传染给他人及保护自己，反复清洗双手；听到电话铃响，可能就会感到紧张，担心有不好的消息或又有艰巨的任务；同时，身体也会出现头痛、心慌、恶心、食欲缺乏等症状，晚上睡不好觉，即使睡梦中也在想问题，经常做噩梦，好像在跟谁赛跑，早上起来比睡前还累。

一线社区工作人员每时每刻处于这样的应激状态下，就像弹簧处在持续增强的拉力下。保持弹簧弹性最佳的方法是张弛有度，故保持人类心身健康的最优方案是劳逸结合。

二、突发公共卫生事件社区工作人员心理状态在线调查

新型冠状病毒肺炎疫情突如其来，让所有人猝不及防。从心理学角度讲，这种不确定性容易导致人们出现无望和无助感，每个人都难免恐慌，容易被焦虑和恐惧情绪所笼罩，感觉灾难随时会降临，生命随时可能遭受危险，同时愤怒、指责也会随之而来。此外，焦虑和恐惧情绪还会因为人们对隔离、封城的误解而加剧，甚至导致情绪崩溃。面对危及生命的突发公共卫生事件时，普通人都可能会出现一些与平常不一样的应激心理行为反应，甚至对心理健康产生较为负面的影响。因此，个体对突发公共卫生事件

的应对至关重要，处理这些由突发公共卫生事件引起的应激反应是一项具有挑战性的工作。

基层工作人员在新型冠状病毒肺炎疫情期间发挥重要作用。基层医生在维持日常诊疗和走访的同时，也要担负起疫情期间辖区筛查和卡点的检查工作；村 / 居委会成员在维护正常辖区事务的同时，也要担负起疫情宣传、排查和卡点值岗等工作；民警干事人员在维护日常社会治安的同时，也要肩负起协助相关人员维持疫情可能带来的各种突发事件及劝导、筛查不配合的疑似人群等。基层社区工作人员在面对疫情带来的恐惧、焦虑等情绪时，还要顶住压力，逆行而上。

在社会和公众为医务工作者歌颂时，社区工作人员默默为战胜疫情献出自己的力量，他们也应该被关注、被呵护。为了解疫情期间社区工作人员的心理状态，兼顾重大突发公共卫生事件下的特殊情况，通过网络调查可以更全面、更客观地掌握当前基层工作人员面对疫情的心理状态。下文简单分析、总结了一部分调查结果，以供心理援助热线服务者和来电者参考。

（一）调查概况

此次网络调查问卷包含 56 个疫情期间社区工作人员心理状况的评估条目，借助互联网工具对社区工作人员开展线上调查。调查内容包括个人一般资料（9 条）、《精神障碍与统计手册（第 5 版）》（DSM-5）焦虑量表（7 条）、DSM-5

抑郁量表（8条）、DSM-5睡眠问题量表（8条）、疲劳量表（14条）、Yale-Brown强迫症状量表（10条），以全面了解社区工作人员在疫情下的焦虑情况、抑郁情况、睡眠质量、心身疲劳情况及是否有强迫思维和强迫行为等心理行为问题。

（二）调查结果及分析

1．该调查问卷自2020年3月25日12:00上线以来，截至2020年4月2日12:00，共获得有效样本数1632人。其中，性别分布调查显示，男722人（44.24%）、女910人（55.76%）；民族分布调查显示，汉族1623人（99.45%）、其他民族9人（0.55%），汉族是本次调查的主体；年龄分布调查显示，年龄20岁及以下8人（0.49%）、21～30岁338人（20.71%）、31～40岁510人（31.25%）、41～50岁528人（32.35%）、51～60岁199人（12.20%）、61岁及以上49人（3.00%），年龄集中在21～50岁，符合在职人员的年龄分布；婚姻状况调查显示，未婚163人（9.99%）、已婚1440人（88.23%）、离婚18人（1.10%）、丧偶11人（0.67%），已婚占调查总体的80%以上；文化程度分布调查显示，不识字或识字少1人（0.06%）、小学学历3人（0.18%）、初中学历51人（3.13%）、高中或中专学历670人（41.05%）、大专或本科学历895人（54.84%）、硕士及以上学历12人（0.74%），大专或本科学历占调查总体的50%以上；职业分布调查显示，医生1058人（64.83%）、护士 314 人（19.24%）、派出所民警 8 人（0.49%）、民政干事 2 人（0.12%）、村 / 居委会成员 10 人（0.61%）、网格员 24 人（1.47%）、其他 216 人（13.24%），医护人员成为本次调查的主体；疫情期间是否持续在岗情况中，否 78 人（4.78%）、是 1554 人（95.22%），符合上文提到的基层工作人员在新型冠状病毒肺炎疫情下发挥重要作用，与一线医务工作者一样，基层社区工作人员在突发公共卫生事件中需要坚持在岗。通过调查基层工作人员疫情期间的在岗时间发现，在岗连续工作 10 日及以下 86 人（5.27%）、11～20 日 72 人（4.41%）、21～30 日 133 人（8.15%）、31～40 日 173 人（10.60%）、41～50 日 148 人（9.07%）、51 日及以上 1020 人（62.50%），连续在岗 51 日及以上的人数占调查总体的 62.5%。在如此长时间的高压力下，调查基层工作人员疫情期间的心理状态具有重要性和迫切性，详见图 2-1 至图 2-7 及表 2-1。

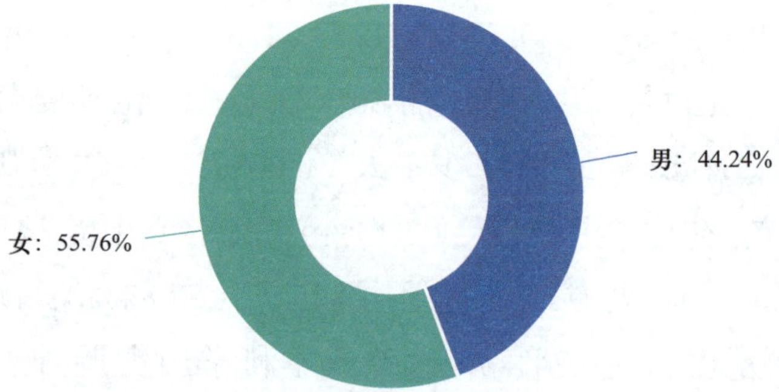

图 2-1　突发公共卫生事件中社区工作人员的性别分布

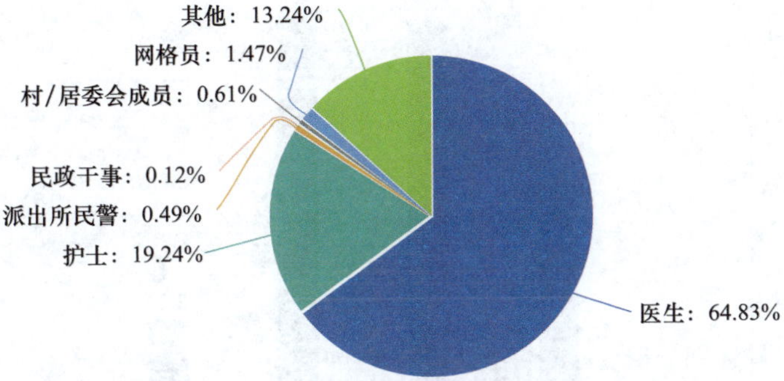

图 2-2　突发公共卫生事件中社区工作人员的职业分布

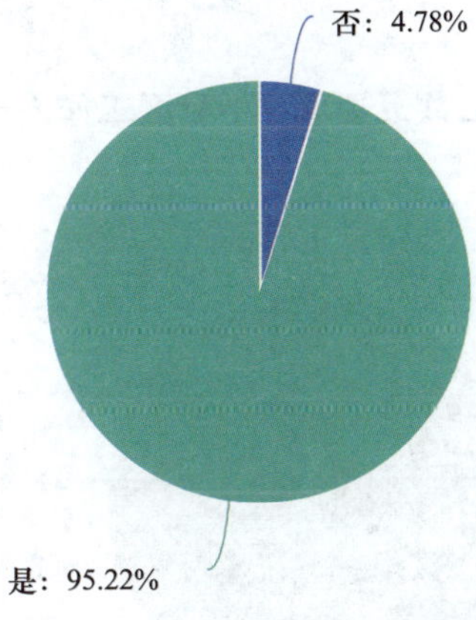

图 2-3　突发公共卫生事件中社区工作人员持续在岗分布

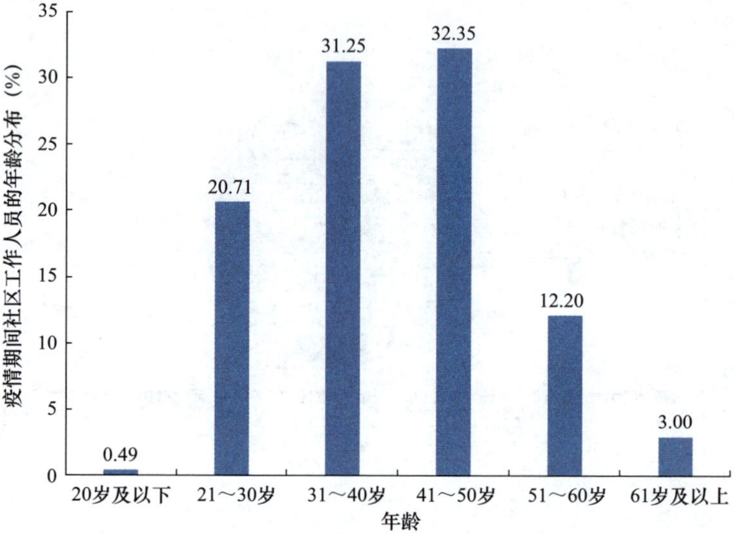

图 2-4　突发公共卫生事件中社区工作人员的年龄分布

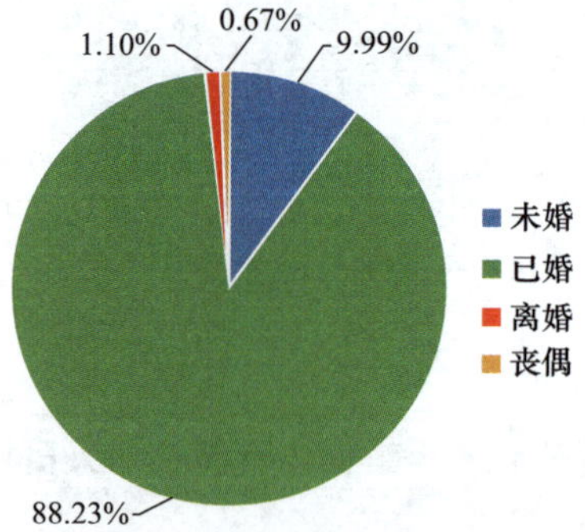

图 2-5　突发公共卫生事件中社区工作人员的婚姻状况分布情况

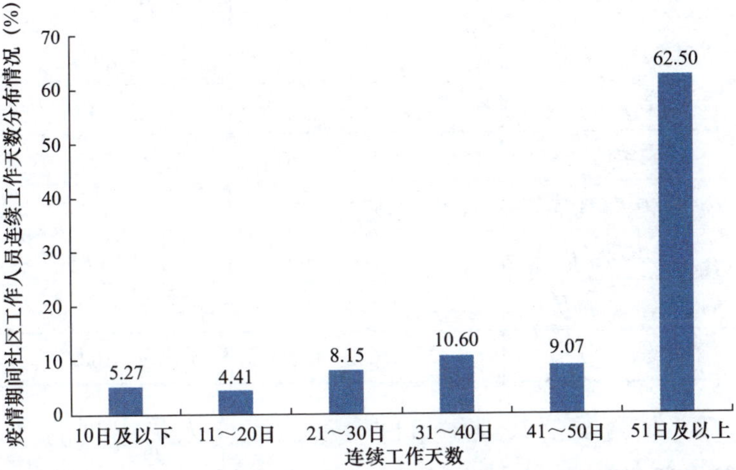

图 2-6　突发公共卫生事件中社区工作人员连续工作天数分布情况

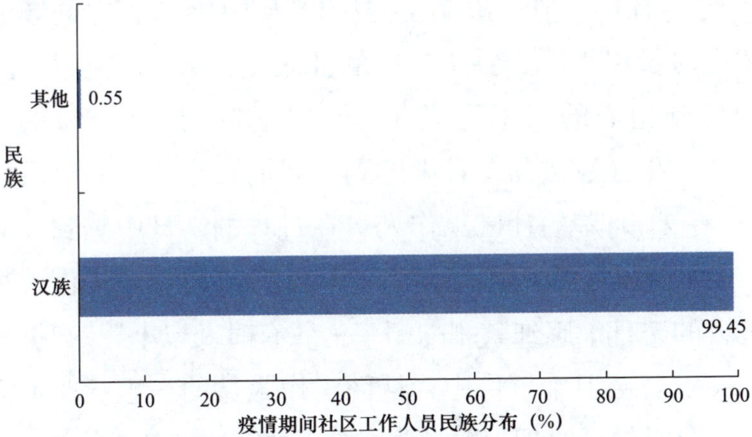

图 2-7　突发公共卫生事件中社区工作人员的民族分布情况

表 2-1　突发公共卫生事件中社区工作人员文化程度分布情况

文化程度	人数	百分比（%）
不识字或识字少	1	0.06
小学学历	3	0.18
初中学历	51	3.13
高中或中专学历	670	41.05
大专或本科学历	895	54.84
硕士及以上学历	12	0.74
合计	1632	100

2．对突发公共卫生事件中社区工作人员出现的害怕、焦虑、紧张和担心进行分析，发现有 25.98% 的社区工作人员在过去的 7 日中感到害怕的频率为“有时及以上”；有 29.23% 的社区工作人员在过去的 7 日中感到焦虑的频率为“有时及以上”；有 31.74% 的社区工作人员在过去的 7 日中感到担心的频率为“有时及以上”；有 25.55% 的社区工作人员在过去的 7 日中感到紧张的频率为“有时及以上”；有 21.94% 的社区工作人员在过去的 7 日中感到心神不宁的频率为“有时及以上”；有 30.21% 的社区工作人员在过去的 7 日中感到紧绷的频率为“有时及以上”。数据显示，突发公共卫生事件中，社区工作人员的心理状况不容乐观，及时给予心理干预尤为必要，详见图 2-8 至图 2-13。

3．为进一步了解突发公共卫生事件中社区工作人员的睡眠质量，使用 DSM-5 睡眠问题量表对调查对象进行评

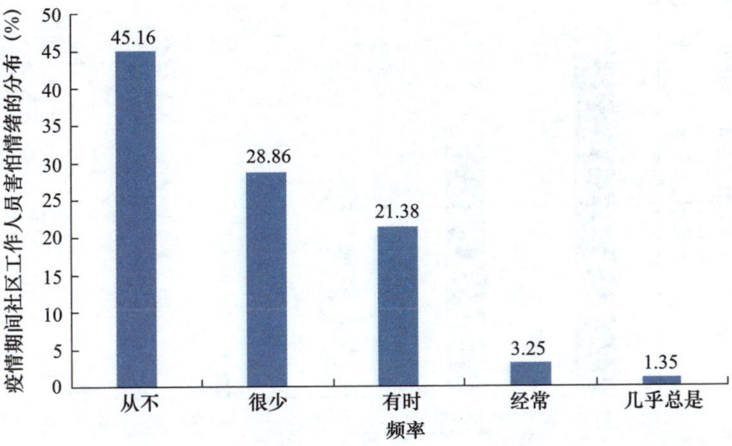

图 2-8　突发公共卫生事件中社区工作人员害怕情绪的分布情况

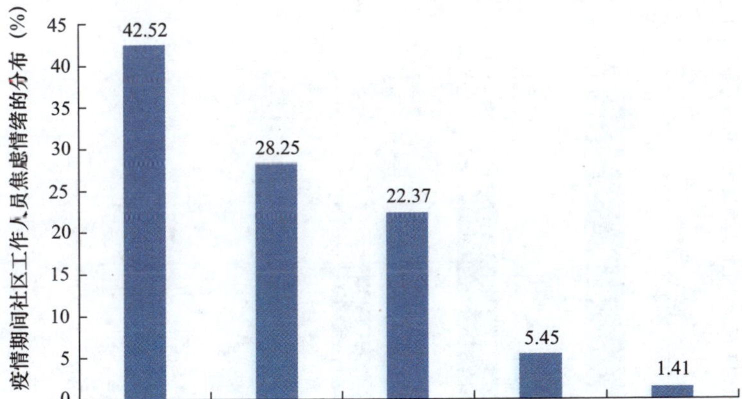

图 2-9　突发公共卫生事件中社区工作人员焦虑情绪的分布情况

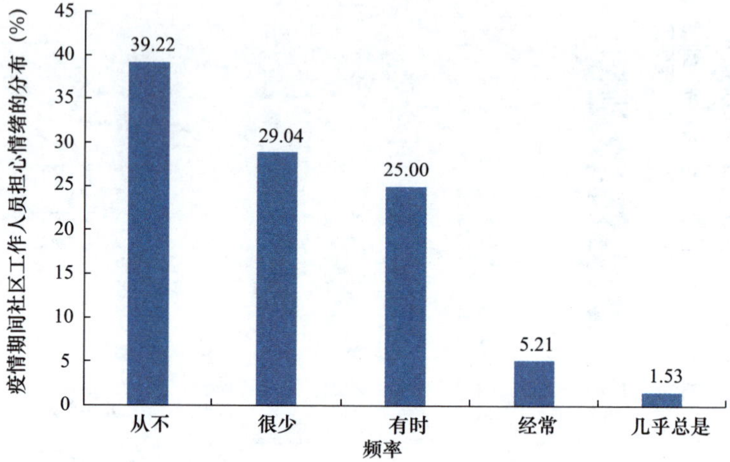

图 2-10　突发公共卫生事件中社区工作人员担心情绪的分布情况

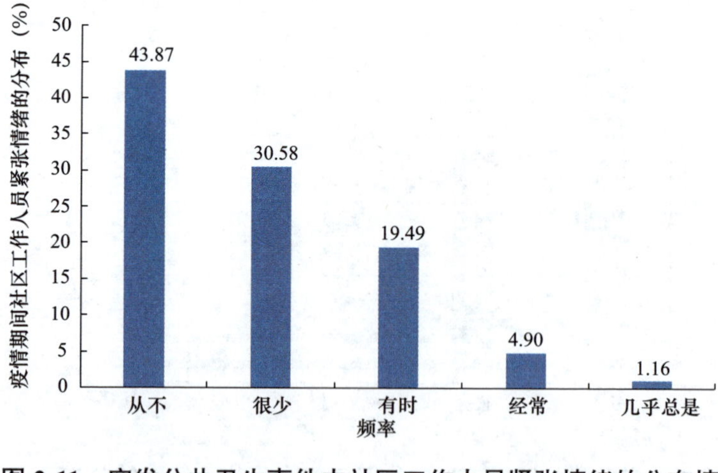

图 2-11　突发公共卫生事件中社区工作人员紧张情绪的分布情况

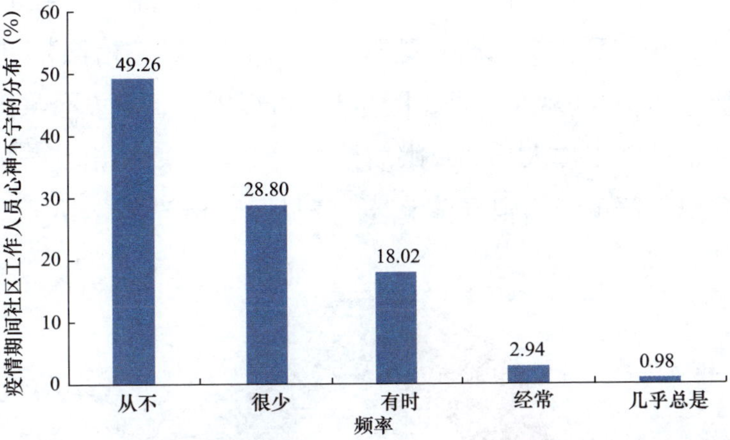

图 2-12　突发公共卫生事件中社区工作人员心神不宁的分布情况

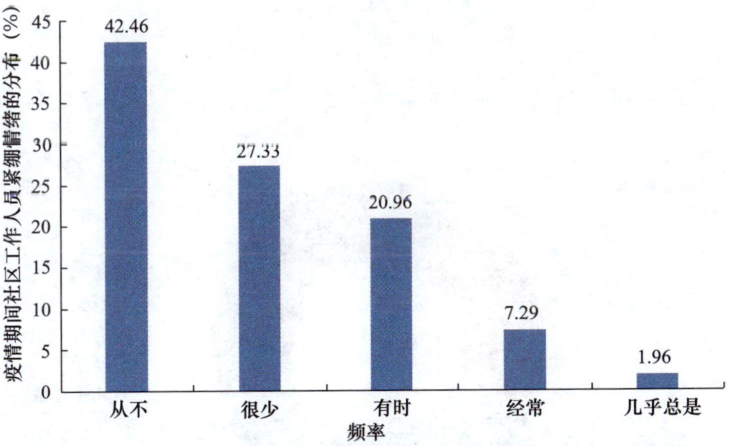

图 2-13　突发公共卫生事件中社区工作人员紧绷情绪的分布情况

估。结果显示，在过去的 7 日中，入睡困难为"有些""比较多""非常多"者占 27.45%；睡眠问题为"有时""经常""几乎总是"者占 31.25%；睡眠质量为"一般""糟糕""非常糟糕"者占 49.94%。通过上述结果可以看出，突发公共卫生事件下社区工作人员的睡眠质量大大下降，反映出其心理健康状况已严重影响到自身生活，详见图 2-14 至图 2-16。

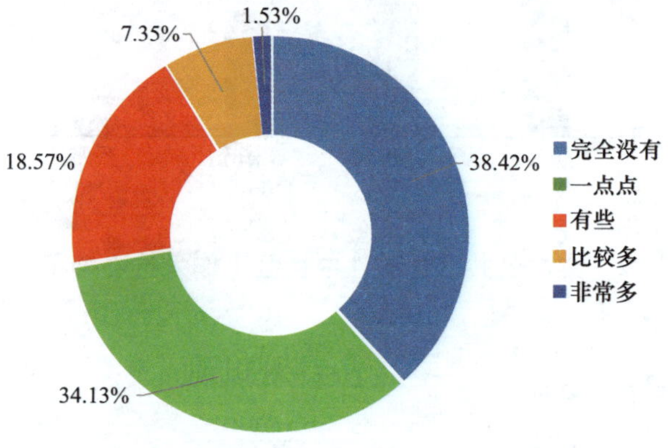

图 2-14　突发公共卫生事件中社区工作人员入睡困难的分布情况

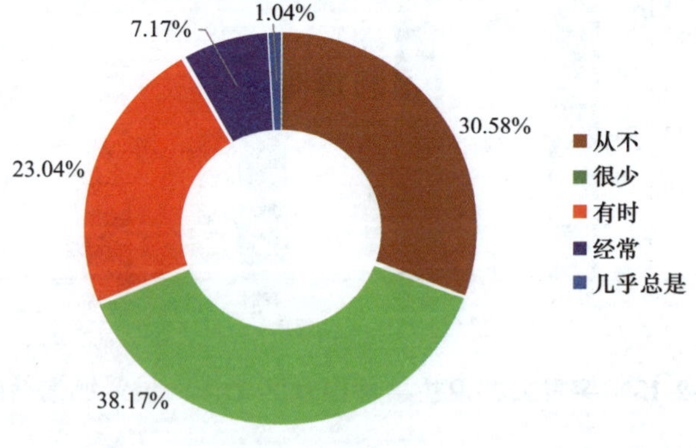

图 2-15　突发公共卫生事件中社区工作人员睡眠问题的分布情况

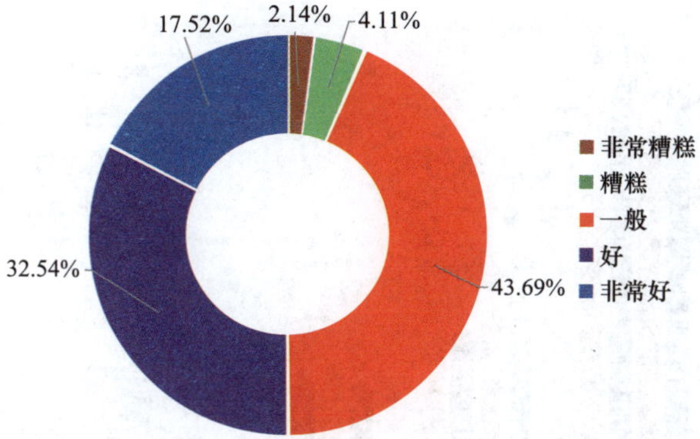

图 2-16　突发公共卫生事件中社区工作人员睡眠质量的分布情况

4．为预防突发公共卫生事件中社区工作人员不良心理问题的出现，社区工作人员应当正确认识自己的心理反应，以积极的心态对待疫情信息，主动与专业人士沟通，维持稳定、健康的生活方式。突发公共卫生事件下，社区工作人员在某种程度上被“做事没有兴趣或感到不快乐”和（或）“感到低落、抑郁、无望”等困扰的情况如何？此次调查发现，过去的 7 日中，感到无助的频率为“有时”“经常”“总是”者占总调查对象的 17.95%；感到悲伤的频率为“有时”“经常”“总是”者占 19.73%；感到抑郁的频率为“有时”“经常”“总是”者占 17.40%；感到不高兴的频率为“有时”“经常”“总是”者占 27.08%。这一结果表明，突发公共卫生事件下，社区工作人员容易出现抑郁情绪且比例较高，针对性地给予干预措施是十分必要的，详见图 2-17。

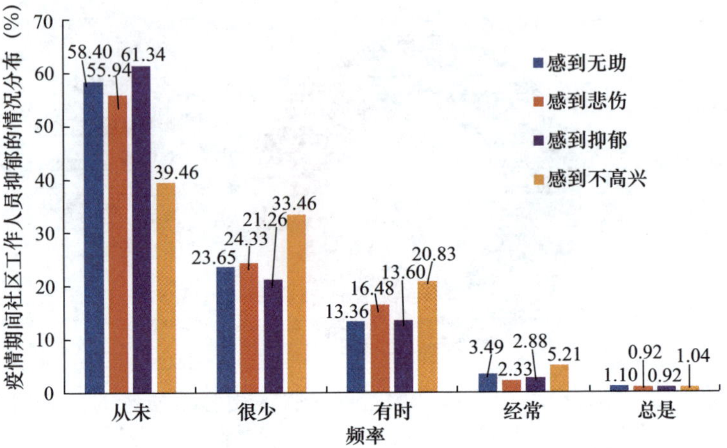

图 2-17　突发公共卫生事件中社区工作人员抑郁情绪的分布情况

5. 疲劳是很普遍的现象，《辞海》中将疲劳定义为持久或过度劳累后造成的身体不适和工作效率的减退现象。疲劳普遍影响人们工作、学习和日常生活的各个方面，并逐渐受到患者及广大临床工作者的广泛关注。为了解突发公共卫生事件下社区工作人员的疲劳现状，为各单位合理安排工作人员的休息时间提供依据，提高突发公共卫生事件下社区工作人员的工作效率，保护其心身健康，此次调查中加入疲劳量表。通过分析发现，近期有被疲劳困扰经历的社区工作人员占 72.67%，感觉需要更多休息的社区工作人员占 71.14%。这提示突发公共卫生事件下社区工作人员都在超负荷工作，存在持久或过度劳累，详见图 2-18 至图 2-19。

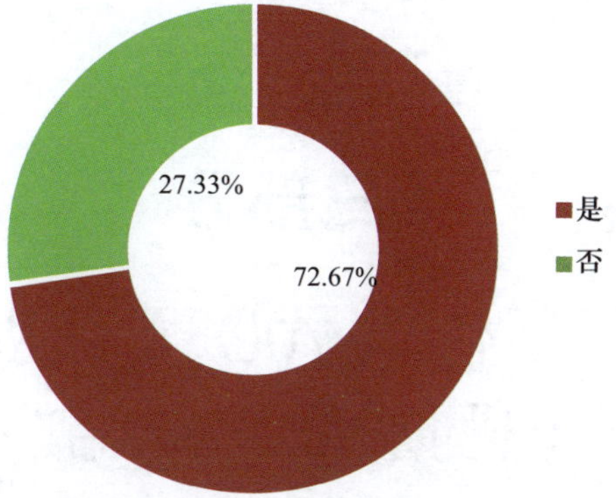

图 2-18　突发公共卫生事件中社区工作人员被疲劳困扰的分布情况

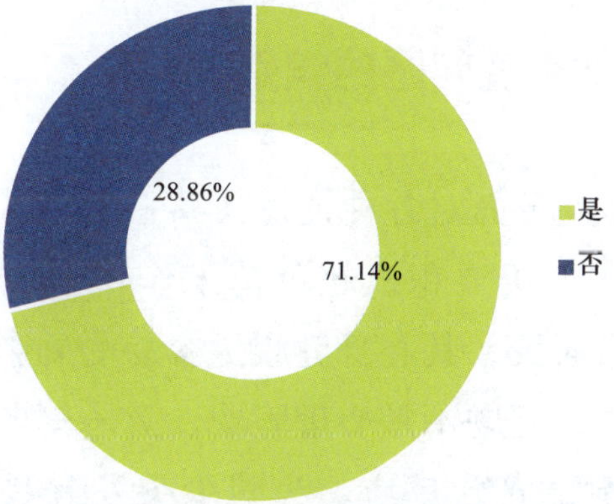

图 2-19　突发公共卫生事件中社区工作人员感觉需要更多休息的分布情况

（陈夕圆　张锦黎　郭正军　李　晏）

第三部分

社区工作人员心理问题的识别及应对策略

一、常见心理问题的识别

社区工作人员面对各种突发公共卫生事件，可能难以适应、应对，但仍要积极超负荷工作在一线，相对于社区的其他普通居民，其心身健康更容易受到影响。社区工作人员出现心理问题不是心理脆弱、意志薄弱的表现，而是应激状态下的正常反应。为减少突发公共卫生事件对社区工作人员的心理伤害，社区工作人员需要及时识别自身可能出现的心理问题，早发现、早就诊、早接受干预。心理问题因个体的性格、文化程度和职业特点等有所不同。

突发公共卫生事件后，社区工作人员常见的心理问题如下。

（一）焦虑

焦虑是面对危险的一种正常反应，如个体在面对疫情和（或）棘手的问题时，会感到压力、紧张，从而激发个体的内在动力，积极寻求资源，做好准备应对和解决困难。如果焦虑的严重程度或持续时间与实际威胁明显不相符，就属于异常。病态的焦虑是指在缺乏客观根据的情况下持续性地表现为紧张、担心、害怕，并伴有多种躯体和自主神经功能失调的症状。心理上可表现为紧张不安、提心吊胆、担心害怕、注意范围狭窄、警觉性增高、易激惹等。躯体上可表现为坐立不安、搓手顿足、肌肉紧张、肢体震颤等，犹如热锅上的蚂蚁，惶惶不可终日。多数焦虑患者会有心悸、出汗、四肢发冷、便秘、腹泻等自主神经功能失调的表现。有时，焦虑患者呈现发作性的极度焦虑、惶恐不安，体验到濒死感，并伴有呼吸困难、心跳加快等，称为惊恐发作。焦虑者伴有严重的运动性不安，如搓手蹬脚，称为激越状态。例如，面对突发公共卫生事件如新型冠状病毒肺炎，很多问题未知且待解决，整日在防疫一线的社区工作人员担心自己接触很多人从而被传染；看到不断增加的确诊病例或疑似病例，担心防护不到位，担心自己如果生病无法得到及时救治；每日都有很多工作要做、很多文件需要学习，容易出现心烦、急躁、缺乏耐心、静不下心、坐不住，不断看手机、浏览相关信息但又看不进去等情况；遇到不配合、态度不友好的工作对象时易发脾气，易与人发生矛盾，甚至发生冲突等。白天忙碌时上述症状会减轻甚至消失，但一休息下来大脑就会冒出很多念头，如担心自己及家人被传染。

（二）抑郁

抑郁又称情绪低落，指一段时间内持续存在的压抑、郁闷、沮丧等情绪状态，与情绪高涨相对应，属于负性情绪的增强。抑郁情绪者感觉心情不愉快、悲观郁闷、忧心忡忡。突发公共卫生事件本身可作为应激源影响社区工作人员的心身健康，而社区工作人员整日面对源源不断的工作，加上有些工作对象的言语或行为过激，更容易感到委屈，产生挫败感，自觉注意力不集中、记忆力差、工作效率下降、难以应对平时胜任的工作、对事情不感兴趣、对工作及未来失去信心、自卑、自我评价低、愁眉苦脸、唉声叹气、语声低沉缓慢、动作迟缓、行为减少、不愿与人交往。如果周围人感染了新型冠状病毒肺炎，就觉得自己的工作没做好，不断怪罪自己，觉得度日如年，有生不如死之感，有时出现不语、不动、不食等表现，悲观厌世，甚至出现自杀行为；同时可伴有某些生理功能的改变，如食欲缺乏、睡眠问题、闭经等。

（三）恐惧

恐惧指面临具体不利或危险的事物、处境时产生持续的惧怕与回避的现象。正常人在面对危险的事物或处境时会出现恐惧。病态的恐惧是指其严重程度和持续时间与现实威胁不相符的恐惧反应。轻者表现为提心吊胆，怕被传染，时刻关注自己有无发热、咳嗽、乏力等症状。重者表现为极度害怕、狂奔呼喊、精神极度紧张，同时伴有明显的自主神经功能失调症状，如心动过速、呼吸急促或困难、出汗、四肢发抖，甚至大小便失禁。更严重者可以出现惊恐发作，在上述症状的基础上，个体出现心悸、失控感、濒死感、昏倒感，精神极度紧张不安，常感觉自己不行了，需要急诊抢救。个体明知没有必要，但难以控制自己，常出现抵抗、逃避或回避行为。恐惧的对象多种多样，对人多拥堵的公共场所或空旷场所的恐惧称为广场恐惧症；在社交中对人的恐惧称为社交恐惧症；对物体（动物、血液、尖锐物体）、情境（高空、幽闭、黑暗、电闪雷鸣、有传染病的场所）的恐惧称为单纯恐惧症。例如，恐惧症患者不敢接触他人碰触过的物品，不敢去医院，恐惧自己被传染，看到全面防护的医护人员、不戴口罩的人员或到人多的地方就害怕、紧张、心慌、呼吸不畅、想要逃离；相关工作人员入户排查时抗拒与其近距离接触，一旦近距离接触就感到难受。

（四）失眠

失眠是指在合适的时机和环境下，仍存在持续的睡眠起始障碍、睡眠时间问题、睡眠维持障碍或睡眠质量障碍，且伴随其所引起的日间功能受损。睡眠起始障碍主要表现为入睡困难（入睡潜伏期超过 30 分钟）、翻来覆去睡不着觉或明明很困但睡不着觉，有人可出现频繁上厕所等行为。睡眠维持障碍可表现为睡眠浅、易醒（整夜觉醒次数≥2次）、觉醒后再次入睡困难、早醒。睡眠质量障碍可表现为多梦、觉醒后不解乏、睡眠感缺乏、做噩梦、睡眠总时间少（通常＜6.5 小时），白天感到头痛、疲劳、心烦、全身不适和认知功能受损，感到注意力难以集中、记忆力差、易分心。个体对睡眠过度关注，担心睡不着觉会影响第 2 天的工作状态，努力让自己入睡但睡不着觉，大脑不停闪现疫情的场景、要做的工作等，故有人一醒来就担心晚上睡不着觉，害怕到晚上。失眠根据病程分为短期失眠（病程＜3 个月）和慢性失眠（病程≥3 个月）。失眠是一种主观体验，不应单纯依靠睡眠时间来判断是否存在失眠。部分人群虽然睡眠时间较短（如短睡眠者），但如果没有主观睡眠质量下降和日间功能损害，则不能诊断为失眠。

（五）强迫

强迫是指以强迫观念、强迫情绪、强迫意向和强迫动作为主要表现的综合征，症状相对固定，彼此相互影响，伴随存在。受新型冠状病毒肺炎疫情影响，公众居家隔离期间的情绪、行为也随着各种信息的发布而起伏不定。例如，个体出现反复担心自己是不是体温高了，要不要再去洗一遍手等强迫症状，明知道没有必要，但不能控制自己，因而常继发焦虑、痛苦等情绪。

常见的强迫症状如下。

1. 强迫思维

强迫思维是指反复出现、持续存在、不恰当地闯入大脑中的一些想法、表象和冲动。大多数人能认识到这些想法是无意义的或具有攻击性的，但却无法停止或控制，进而出现明显的焦虑和痛苦。常见的强迫思维包括怕脏、怕给自己和他人带来伤害、脑海中反复出现医务人员抗击新型冠状病毒肺炎的图片等。

（1）强迫表象：在大脑中反复出现过去感觉到的体验（如一些恐怖的画面、表情、声音等），常有令人不愉快甚至厌恶的内容，如大脑中不断闪现刚刚看过的戴口罩的人、随地吐痰的行为、跟他人接近的画面等，像放幻灯片一样播放，极力控制不去想，却更频繁地闪现，为此感到非常苦恼。

（2）强迫联想：反复联想一系列不好的事件会发生，虽然明知没有必要，却控制不住，进而引发紧张、恐惧等情绪，害怕以后还会出现其他突发公共卫生事件，担心病毒会卷土重来等。

（3）强迫回忆：反复回忆曾经做过的日常琐事，虽然明知无任何意义，却无法摆脱。

（4）强迫怀疑：对自己已完成的事情不确定，产生不必要的疑虑，要反复核实。例如，离开房间前疑虑门窗是否确实关好，反复进行检查，否则会焦虑不安；怀疑刚才洗手是否洗干净了。

2. 强迫行为

强迫行为是指感到不得不反复进行的行为或精神活动，这是为了阻止、抵消和控制强迫观念所带来的不适感和焦虑而出现的一些仪式性、反复的行为或动作。常见的强迫行为包括清洁（如洗手或洗澡）、计数、重复、检查、祈祷、触摸、寻求保障、仪式化的回避等。

（1）强迫洗涤：为了消除对脏物、毒物或细菌污染的担心，常反复洗手、洗澡或洗衣服。有人不仅自己反复清洗，而且要求与其一同生活的人，如配偶、子女、父母等也必须按照其要求彻底清洗，特别是在疫情期间，这种情况比较常见，但大多数人重复的次数不多，能够接受。

（2）强迫检查：通常与强迫怀疑同时出现，对明知已做好的事情不放心，反复检查，如反复检查口罩是否戴好、衣服是否足够起到防护作用等。

（3）强迫计数：不可控制地数台阶、电线杆、门窗、地板砖数，做一定次数的特定动作，否则会感到不安，若怀疑遗漏就要重新数起。

（4）强迫仪式动作：在日常活动之前，先要做一套程序化的动作，如睡前要按一定程序脱衣鞋并按固定的位置放置，否则会感到焦虑不安而重新穿戴整齐，再按程序脱下，方可安然入睡。

（5）强迫性注视：有人注视某种自己认为不该看的物体。例如，与他人交往时注视他人的隐私部位等，越控制越想看；注视余光中出现的人或物品等。

3. 强迫意向

在某种场合下，有人出现一种明知与自己心愿相违背的冲动，却不能控制这种意向的出现，苦恼不堪。例如，母亲抱小孩走到河边时，突然产生将孩子扔到河里的想法，虽未实际发生，但因这种冲动不止而感到十分紧张、恐惧；看到刀子，就出现想捅人的冲动，担心真的这样做，为此恐惧不安。

4. 强迫情绪

强迫情绪主要是指不必要的担心和恐惧，这种恐惧是对自己情绪会失去控制的恐惧，如害怕自己会发疯、会做出违反法律或道德的事。

（六）躯体化症状

躯体化症状是一种反应，是指个体的情绪问题或心理障碍没有以心理症状表现出来，而转为躯体症状表现出来。躯体化症状产生的因素主要包括个体性格、应激事件和环境因素。突发公共卫生事件会对人们的生活产生很大影响，带给人们压力感，让人们产生焦虑、紧张、抑郁等情绪，进而引发躯体化症状。

躯体化症状的临床表现多种多样，涉及多个系统的多种症状。例如，头、腹、背、关节、四肢、直肠等部位疼痛；打嗝、反酸、恶心、腹胀、食欲缺乏、腹泻、便秘等胃肠道症状；吞咽困难、抽搐、抽动、失眠、步态不稳、视物模糊或复视、瘫痪或肌无力、失聪等假性神经系统症状；性冷淡、勃起或射精功能障碍等生殖系统症状；痒、烧灼感、刺痛、麻木感、酸痛等异常的皮肤感觉症状；心率快、呼吸不畅、咽部异物感、喉部或胸部紧缩感、疲劳、无力、睡眠问题、体重减轻等其他症状。除躯体症状外，患者存在对无器质性基础的躯体症状持续高水平的焦虑、灾难化解释及过度疾病归因等不恰当思维，消耗过度时间和精力在求医问诊上，造成一定程度的社会功能损害。

（七）疲劳

疫情影响下的心理行为变化也容易让人产生疲劳，可分为生理疲劳和心理疲劳。

1. 生理疲劳

生理疲劳主要是指机体疲劳，主要源于长时间的人体负荷，也受睡眠时间和质量等因素的影响，典型表现为无能力维持。

疲劳综合征是一组以持续或反复发作的疲劳，伴有多种神经、精神症状，但无器质性及精神性疾病为特点的症候群。其病因尚不明确，与长期过度劳累、饮食生活不规律、工作压力和心理压力过大等环境因素及应激等造成的神经、内分泌、免疫、消化、循环、运动等系统功能失调关系密切。主要表现为记忆力下降、反应迟钝、体形消瘦或肥胖、四肢乏力或酸痛、食欲缺乏、腹胀、头晕、心慌、多梦、尿频、尿急、月经失调、性冷淡、耳鸣、视物模糊等症状。

疲劳综合征持续时间 6 个月或以上，易形成慢性疲劳综合征（chronic fatigue syndrome，CFS），其临床症状复杂，一般体格检查及实验室检查的结果无重大异常。慢性疲劳综合征是一组以长期极度疲劳为主要表现的全身性症候群，常伴有头痛、咽喉痛、淋巴结肿大和压痛、肌肉关节疼痛及多种神经精神症状。基本特征为持续性或反复发作的虚弱性疲劳、卧床休息不能缓解，严重影响了患者的工作和生活。

2. 心理疲劳

心理疲劳主要是指中枢疲劳，心理功能不能维持原有的心理活动水平，一般源于长期从事紧张的脑力劳动或非常态的环境刺激，如新型冠状病毒肺炎疫情引起的情绪、认知、动力、行为及躯体上的改变，典型表现为活动能力减退、不愿意或麻木维持，同时受环境氛围、压力、情绪等影响。Thorndike 将心理疲劳定义为无能力做一定的心理操作，与实际或感觉相匹配的无力感，即心理疲乏感和心理耗竭感。

心理疲劳的表现形式可以从认知维度、情绪维度、动力维度、行为维度和生理维度来阐释。

（1）认知维度：认知功能下降主要是个体感觉和知觉迟钝、思维迟缓、记忆力减退、注意力不集中、注意水平减弱。当心理疲劳者面临风险决策时，较少有人选择需要消耗认知资源更多的风险选项，大部分受试者更倾向于选择需要相对较少认知加工的保守选项。Van den Linden 认为，心理疲劳水平升高，个体易受到无关刺激的干扰，导致注意力下降；个体的执行控制功能受到干扰，计划性降低，导致个体在任务中出现更多错误。

（2）情绪维度：心理疲劳发生时，个体常出现厌烦、郁闷、气恼、抱怨等消极情绪。有研究表明，心理疲劳个体出现耗竭感、疲劳感和较少的身体活动等特征，以及负性心境和对情绪、情境的不敏感，说明心理疲劳中存在抑郁成分。这与 Ochsner 等的研究结果一致，即当个体处于心理疲劳状态时，注意力受到干扰，进而导致个体对情绪刺激的反应减弱。亦有学者认为，心理疲劳者容易发怒，抑郁、紧张情绪变化不大。

（3）动力维度：动机是激发和维持个体活动，并使该活动朝向某一目标的心理动因。具有较高工作热情和积极工作动机的操作者与缺乏工作热情和工作动机的操作者相比，可以更专注于工作本身，忽视外界负荷，工作效率相对较高；而后者则对外界负荷极为敏感，往往夸大或高估不利因素的效应。心理疲劳发生时，个体会出现以上症状，并伴有欲望下降、目标感下降等表现。

（4）行为维度：心理疲劳是一种逐渐积累、循序渐进的过程，表现在警惕性降低和执行任务的能力下降、嗜睡、身体灵活性降低等，以及出现明显的逃脱行为。

（5）生理维度：心理疲劳会导致生理节律失调，如睡眠节律失调、血压不稳定、月经失调等。

二、自我调整方法

新型冠状病毒肺炎疫情中，许多社区工作人员承担长期超负荷的工作，身体和心理承受的压力使体力和精力耗竭。一些疫区的社区，因为长期封闭管理，积累了大量的矛盾，致使社区工作人员压力很大，一些工作人员因为积劳成疾甚至牺牲在工作岗位上，他们在新型冠状病毒肺炎疫情中坚守和无私付出也为全民抗疫斗争取得阶段性成果发挥了重要作用，那么作为救灾者角色的他们出现了心理问题该如何调整？下文将具体阐述。

（一）焦虑的自我调整方法

1. 放松训练

焦虑会使个体产生烦躁、莫名的紧张、过分担心等情绪，还会导致其出现肌肉紧张、心慌、出汗、胸闷、坐立不安等表现。生活中个体可通过各种手段（如工作之余听舒缓的音乐或通过一些指导语来进行肌肉放松训练和呼吸放松训练）来改善和降低焦虑水平。

2. 科学饮食

很多社区工作人员因为工作繁忙而忽略了饮食均衡和及时补充营养的重要性，一方面为身体营养跟不上、损害自身免疫力而担心；另一方面又在吃饭时草草了事。所以在新型冠状病毒肺炎的持续压力之下，社区工作人员更应该科学饮食。例如，营养要比平时更加多样化和均衡。同时，社区工作人员也可以从饮食制作的准备过程中汲取快乐，找到成就感。

3. 科学安排工作任务

例如，正常的轮休、科学的工作设置及工作中人员的新老搭配、性别搭配等。轮休时，社区工作人员应彻底放下工作、放松自我，以达到完全休息和放松的目的。

4. 体育锻炼

工作之余可以做一些力所能及的体育锻炼，如散步、练瑜伽、打八段锦和太极拳、对墙打乒乓球等，还可以练拉力器、哑铃等。许多人在规律的锻炼后，尽管身体会感到有些疲劳，但心理上十分放松，压力在锻炼后能得到彻底的释放。

5. 接纳焦虑

疫情期间，社区工作人员出现焦虑具有一定的合理性，而且疫情持续时间之长对其生活和工作带来的冲击前所未有，故其应该接纳焦虑情绪，进而释放焦虑情绪。

（二）抑郁的自我调节方法

1. 允许自己在一定时间内出现抑郁情绪

新型冠状病毒肺炎突如其来，对人们的安全观、价值观、人生观、生死观产生了一定冲击。此时，人们出现情绪低落、乏力、失眠、食欲缺乏、不自信等都是可以理解的，不必过于担心，因为每个个体都有一定的心理创伤自我修复能力，大多数个体都能够从创伤中顺利地走出来。

2. 直面悲痛，放眼未来

许多社区工作人员目睹了社区居民罹患新型冠状病毒肺炎甚至死亡，或自己的亲朋好友也有类似经历，为此感到十分悲痛，但碍于身份，无法与公众一样充分表达自己的情感，这样可能会导致其出现各种心理问题，所以及时表达自己的悲哀和负性情绪十分重要。例如，社区工作人员可以通过写日记的方式和亲人做一个告别等。

3. 选择性注意

新型冠状病毒肺炎疫情有其悲惨的一面，更有“一方有难、八方支援”的积极感人的一面。众多逆行在各条战线上的“勇士”汇聚成一条强大的抗疫洪流力挽狂澜，而社区工作人员也是这滚滚洪流中不可缺少的一朵浪花，这会让社区工作人员的心中升起一种力量。所以社区工作人员可以更加注意自己的付出成效和社会给予的褒扬，进而提升自信，减少自我否定。

4. 策略性示弱

在抑郁状态下，社区工作人员可以适当减轻任务、向周围领导和同事寻求慰藉、寻求团队的帮助，以便在短期内恢复正常工作，这也是常采取的调节方法。

（三）恐惧的我调整方法

1. 接纳恐惧情绪

社区工作人员应该认识到，在疫情下，适度的恐惧是一种自我保护的心理状态，是人性使然，它不是懦弱、胆小、想不开，更不是精神心理疾病。适度的恐惧会提醒人们时时注意自己面临的危险并做出合理的应对，但是过度的恐惧是有害的，需要进行干预。

2. 重建安全感

新型冠状病毒肺炎疫情到来初期，很多社区工作人员因目睹了病毒的高传染性、高致病性、高病死率及至今尚无有针对性的药物进行治疗而没有安全感。事实上，人们只要做到科学应对、切断传播途径、人人自律，完全可以将病毒锁在“笼子”里，所以，重建安全感极为重要。

3. 关注当下，正念思考

社区工作人员可以只关注当前正在做的事情，如社区的具体工作，甚至吃饭、行走、看电视等，并给予自己积极的暗示，享受每一件事情完成带给自己的愉悦感和满足感，这样做的目的是将自己从对未来的担忧、恐惧，以及对过去的检讨、反思、患得患失中解放出来。“边专注、边感觉、边体会”这个简单的行为过程可以给自己带来新奇且不一样的感受。

4. 顺应自然，为所当为

社区工作人员在工作之余可以规律饮食、强制休息、科学锻炼，让自己的身体动起来，以提高免疫力；顺其自然，为所当为，把恐惧当成日常生活的一部分。

（四）失眠的自我调整方法

在繁忙的社区救灾工作之余，社区工作人员应尽可能地进行规律的运动。有研究表明，规律、适当的运动有助于改善睡眠质量，有利于将每日工作中积累的负性情绪和压力通过锻炼的方式宣泄出去，但睡前 2 小时内不宜做运动，以免对睡眠造成干扰。

社区工作人员应尽量保持原来的生活习惯和起居规律，这在疫情期间更为重要，因为人的生物钟一旦形成，应尽量不去打破其原来的稳态，在完成日常工作的前提下，尽量在相对固定的时间起居，白天非睡眠时间尽量减少卧床。

社区工作人员入睡前应尽量减少接触电子产品，如少玩电脑或手机、少看电视及少打电子游戏等，因为接触电子产品会导致个体入睡前兴奋，不利于顺利入睡。

社区工作人员入睡前应合理放松，如果入睡前因反复考虑白天的工作而停不下来，可以通过腹式呼吸使自己慢慢放松，在进行腹式呼吸的同时专注于身体放松的感觉。

社区工作人员应减少烟、酒的摄入。在应激状态下，很多人会比平时更多地摄入成瘾性物质，特别是烟、酒，很多人享受吸烟及饮酒带来的满足感和愉悦感，以此来对抗和缓解自己的压力。有人通过睡前饮酒来帮助自己入睡，但有证据表明，长期饮酒、吸烟除了对身体带来严重的损害之外，也会损害中枢神经系统，导致个体产生各种精神心理问题、人格改变等。

（五）强迫的自我调整方法

1. 认知调整

随着对新型冠状病毒肺炎了解的不断深入，一些社区工作人员通过过度消杀个人卫生和周边环境来寻求绝对的放心，明知道这样做没有必要，但是无法自控，这显然是在歪曲认知主导下的一种非理性行为。只有科学消杀才能既杀灭病毒又不污染环境和损害个人健康。

2. 正确认识疫情，积极面对

社区工作人员尽量通过正规渠道了解疫情相关信息，如我国已经取得了疫情斗争的阶段性胜利，重点地区的疫情传播已经基本阻断。社区工作人员的心态也要随着疫情的变化有所调整，恢复自己正常的工作量，这样会减少强迫倾向。

3. 避免将强迫症状合理化的倾向

在新型冠状病毒肺炎的防控要求下，一些必要的科学消杀流程、步骤较平时多且繁杂。部分曾经罹患强迫症或有强迫人格特征的社区居民，可能会将日常生活中一些强迫洗涤和强迫意念进行合理化解释，这样会在新型冠状病毒肺炎疫情下强化自己的强迫症状，产生过分的超出实际需求的消杀行为，不仅浪费宝贵的防疫资源，也会带来环境污染和个体健康损害。所以按照科学程序做好个人和环境的消杀防护就足够了。

（六）躯体化症状的自我调整方法

1. 正确面对躯体化症状

躯体化症状的产生往往受多种因素影响，作为社区工作人员，一旦出现各种躯体不适，如咳嗽、发热、头晕、乏力、腹泻等，不要回避、恐慌，应该马上去正规医院做相关检查以排除新型冠状病毒肺炎或其他躯体疾病。假如通过检查完全排除躯体器质性疾病，不要感到失落，应该感到庆幸，因为功能性障碍（非器质性疾病）对健康的影响没有器质性疾病那么直接。

2. 减少疑病倾向

在新型冠状病毒肺炎疫情带来的持续压力下，一些社区工作人员可能会出现疑病倾向，对身体出现的正常生理现象解读为病理现象，过分关注与新型冠状病毒肺炎相关的信息，主动感觉和体会所谓的新型冠状病毒肺炎的早期症状，不良自我暗示往往会强化身体的不适感觉，继而导致焦虑、恐惧情绪出现。

3. 认识到“病感”不等于疾病

持续的压力下，许多社区工作人员在日常生活中尽管没有明确的躯体疾病，但也可能会出现心慌、乏力、头晕、月经失调、内分泌失调等所谓的“亚健康”表现，如果能够正确应对、适当调整，个体往往能在短期内适应这些“病感”，甚至感到其消失了。在综合医院门诊就诊的患者，有相当一部分是带着“病感”去的，各种检查均没有发现可以确诊的躯体器质性疾病。所以一位心理学家调侃称，在真相澄清之后，再被“吓晕”也不迟。

（七）疲劳的自我调整方法

1. 心态调整

在疫情的压力下，社区工作人员可能会比平时更容易出现职业倦怠和心理耗竭，可以进行自我暗示，如“每日必然会有许多不同，而自己作为见证历史和书写历史的人，自己的人生会因为此次救灾达到与以前不一样的高度”，以此来激励自己。

2. 适度休息

社区工作人员面对疲劳，要科学、合理地对自己的工作进行设置和梳理，关注自己的身体及与疲劳相关的信号，适度休息，避免过于忘我地工作，这也是以人为本的重要体现。

3. 模式转换要彻底

一些社区工作人员白天全力以赴地工作，十分疲劳，到了夜晚休息的时候也在考虑与工作有关的事情，达不到休息和放松的效果，所以容易积累疲劳。因此，工作时全力以赴、休息时彻底放松十分重要。

作为既承担一定政府管理责任和职能的社会工作者，同时也是一个有血有肉的个体，社区工作人员可能因为繁重的抗疫任务及强大的社会责任感等，或多或少地忽略了自己的心理需求和感受，此时应该意识到，再坚强的战士也不能忽略自己的身体和心理问题，及时识别、面对和解决十分必要。

三、心理应对策略

（一）焦虑的心理应对策略

1. 认真评估，冷静应对

目前，尽管对新型冠状病毒肺炎仍无明确的抗病毒药物，但从中国及其他一些国家成功的抗疫经验来看，如果应对得当，新型冠状病毒肺炎在总体上可防可控，不应过高地估计疫情的危险性和过低地评价科学应对新型冠状病毒肺炎的防御能力。

2. 与焦虑共存，而不是克服焦虑

新型冠状病毒肺炎是人类遇到的巨大的挑战，只要有一个国家疫情控制得不成功，全球抗疫就难言成功。因此，适度的焦虑具有一定的现实性和“合理性”，会让人们保持适度的紧张，有利于人们发挥潜力和主观能动性，但严重影响人们日常生活的焦虑是需要干预的。

3. 刻意关注疫情以外的信息

一些社区工作人员抱怨“每日除了救灾防疫还是救灾防疫，生活十分单调，感觉没有尽头、没有盼头”，为此感到十分焦虑。目前，防疫工作和复工复产工作双轨齐下，

社区工作人员可以关注一些防疫以外的积极信息，如娱乐信息和体育信息等，调剂一下自己的生活，有助于减弱这种单调感，以减轻焦虑。

4. 求助于心理热线和心理专业机构

如果通过自我调节焦虑仍存在，社区工作人员可以拨打心理干预热线或通过各地心理咨询云平台进行线上咨询，或到专业机构的心理咨询门诊现场咨询，这些都是有效应对焦虑的策略。

（二）抑郁的心理应对策略

1. 减少挫败感，提升成就感

疫情期间，社区工作人员会面对很多复杂的问题，有时无力应对，但这是因为在特殊情况下，个人能力是有限的，个人不可能扛起所有的责任，在自己的岗位尽职尽责即可。

2. 提升自信，体会快乐

一些社区工作人员在长期压力下，会出现抑郁情绪，精神不振、不自信，此时可以这样去想，“我现在正在做的事情是有意义的，我应该自信、快乐”。

3. 关注被需要的感觉

心理学家马斯洛认为，自我实现是最高层次的心理需要。尽管新型冠状病毒肺炎疫情是全球性的突发公共卫生事件，但是在社区的抗疫工作中，基层人员虽感受到的是疲惫和职业倦怠，但换个角度将感受升华一下，基层人员也是这个奋发有为时代见证历史和书写历史的追梦人，被国家、社会所需要。

4. 加强交流，及时宣泄，寻求社会支持

在心情不佳时，社区工作人员可以通过微信及其他方式与家人、朋友进行沟通，聊聊近期的感受，分享一些快乐和烦恼，及时将负性情绪宣泄出去，获得心理上的支持。有一句话叫“及时小宣泄，避免大问题”。

（三）恐惧的心理应对策略

1. 直面恐惧，及时调整

一些社区工作人员甚至一些医生，在亲眼见到生离死别后，出现否认和不敢面对自己恐惧的情况，由于没有及时关注自己的心理问题，导致一段时间之后，那些悲伤的场景总是挥之不去，反复在脑海中闪现，自己也十分苦恼。因此，及时面对创伤和表达哀伤，将恐惧及时消除和减少

创伤性经历给自己日后带来消极影响十分必要。

2. 树立“在一起”的理念

国内新型冠状病毒肺炎疫情暴发时，全国各地医护人员驰援武汉。因此，社区工作人员要树立这样的信念，“我们绝不是一个人在孤军奋战，而是分兵合击、遥相呼应、紧密配合、互相支持，我们不是在黑暗中默默前行的独行者，而是一个历来不拉下一个人的铁板团队，祖国是我们最强大的支撑和依靠，所以此时此刻，我们在一起”。进行上述心理调整后，恐惧感会减弱。

3. 善用隔离的心理防御机制

很多社区工作人员面对此次疫情十分害怕，担心自己染病。当面对与疫情相关的死亡、被感染等负性生活事件时，社区工作人员应该培养一个理性的自我。可以这样想，“这个事情很不幸，我既感到恐惧也感到悲伤，但截至目前灾难还没有发生在我身上，我一定要努力帮助受灾者，同时也要保护好我自己，以便能帮助更多的人。”

（四）失眠的心理应对策略

1. 调整对睡眠的不合理认知

在长期应对新型冠状病毒肺炎疫情的压力下，一些社区工作人员的警觉性增高、入睡较平时慢、易醒、睡眠浅、多梦等，这些都是常见现象，随着社区工作人员对压力的适应和工作的逐步理顺，良好的睡眠仍能慢慢找回。

2. 减少睡眠时的全力以赴

一些失眠的社区工作人员把能否顺利入睡当成生活中的核心内容，白天喜欢谈论与睡眠相关的话题，夜晚上床后十分紧张，甚至频频看表，睡不着时辗转反侧，殊不知睡眠是一个自然的、润物细无声的过程，越全力以赴越适得其反。

3. 睡前的“小功课”

睡前可以用热水泡脚，放松一下；喝一杯热牛奶，除了安神，也有助于补充营养。

4. 调整睡眠节律

一些社区工作人员有晚上偶尔失眠白天补眠的习惯，这样也不利于夜晚的睡眠调整，久而久之使自己的生物钟也受到干扰，睡眠问题反而更加突出。

（五）强迫的心理应对策略

1. 减少追求完美的倾向

追求完美是强迫人格的重要特征，总害怕有什么细节没有关注到而酿成大错，“不怕一万就怕万一”是具有强迫人格特征人群的口头禅和信条，其应减少追求完美的倾向。

2. 认知重建，确立安全感

新型冠状病毒肺炎的高传染性、难治性及目前席卷全球的形势会让社区工作人员恐慌、缺乏安全感，而有些人通过一些强迫思维和强迫行为来抵消这种缺乏安全感给自己带来的焦虑和恐慌。事实证明，适度、科学的防护可以确立安全感。

3. 求助于专业精神心理卫生机构治疗

社区工作人员可求助于心理热线或亲自去专业机构的精神科和心理科进行治疗，必要时可在医生的指导下服用相关药物进行调整。

（六）躯体化症状的心理应对策略

1. 减少压抑，适度满足自己的心理需求

疫情期间，压抑是常见现象。例如，为了工作，一些社区工作人员几个月没有回家，将自己正常的心理需求都压抑下来，久而久之就会把这种无法及时满足的心理需求转换成躯体不适表现出来。所以很多躯体化症状都和现实的一些不如意有千丝万缕的联系，在条件允许的情况下，

适度满足自己的心理和物质需求十分有必要。

2. 将身体和心理统一，减少病耻感

许多心理工作者认为，中国人通常羞于将压力和自己出现的心理问题暴露出来，而潜意识里倾向将自己的压力和未被满足的各种愿望所引起的各种心理反应以躯体不适的方式表达出来，这样更容易引起他人的关注。所以社区工作人员应及时将自己在特殊情况下的负性情绪表达出来，减少病耻感特别重要。

3. 提高心理对环境的顺应性，增强人格与环境的契合关系

人格一旦形成，重塑很难，但一个心理健康的人，其心理会随着生活经历的丰富而不断成长。社区工作人员不要放弃任何一个突发事件给自己带来的成长机会。心理的成长是永无止境的，一个具有利他、博爱、集体主义、胸怀宽广、抗压能力强等人格特征的个体必然对环境的顺应性较高，与环境的契合关系比较具有建设性。

（七）疲劳的心理应对策略

1. 培养各种兴趣

社区工作人员假如在单调的工作、生活之余培养一些兴趣，那么这些兴趣会点缀单调的生活。例如，钓鱼、写

书法、写作、进行体育锻炼等。这样的调剂会减少疲劳感，增加一些生活的乐趣和动力。

2. 培养良好的家庭气氛

良好的家庭气氛和民主的家庭关系对缓解工作中产生的疲劳感极为有效，在持续的剧烈压力下更是如此。如果家庭结构畸形或家庭关系紧张，那么家庭不仅失去了“港湾”的职能，反而会加重个体的疲劳感和心理耗竭感。

3. 保持适当的事业心

社区工作人员可以根据自己的工作特点制订个人的短期和长期工作计划，并按计划如期完成，这样自我价值感会得到良好的保持。所以保持适当的事业心十分重要。

社区各类人群是社会稳定的重要保障，社区工作人员作为其中的个体，不仅要在抗疫中努力工作，还要在完成工作之余关注自己的心理健康和心理需求。在疫情的持续压力下，社区工作人员及时识别自己出现的心理问题并采用合理的心理应对策略十分重要，只有这样才能预防一些如自杀、冲动行为等严重的突发意外和各类精神障碍的产生。

四、药物干预方案

对于突发公共卫生事件后个体（如社区工作人员）出

现的精神卫生问题，经过自我调适效果不佳，可以求助于临床医生，在其指导下进行药物干预。

1. 失眠

处于危机事件中的人们，可因各种原因而出现失眠，表现为入睡困难、觉醒次数多、早醒或多梦。轻度失眠可不做特殊处理，严重、持续性失眠需要进行积极的药物干预。处理原则：可选用唑吡坦 5～10mg，睡前口服；佐匹克隆 3.75～7.50mg，睡前口服；艾司唑仑 1～2mg，睡前口服。催眠药物的使用需要遵循最低需要量、短时间、按需使用的原则。服用催眠药物后，个体可能会产生疲乏无力、头脑昏沉等不良反应，建议做好睡眠的准备后再服药。

2. 焦虑状态

焦虑可能是应激反应的一部分，也可能是独立的焦虑症状，或是对手术、身体康复的焦虑。表现为：①经常或持续的焦虑、紧张。②自主神经功能失调，表现头晕、胸闷、心悸、呼吸困难、口干、尿频、尿急、出汗、震颤等症状。③警觉性增高、运动性不安。处理原则：抗焦虑药物可选用帕罗西汀或文拉法辛，但这类药物通常起效较慢，需要使用 2～4 周。抗焦虑药物的常见不良反应包括口干、头晕、头痛、恶心、心慌等，服药者通常在 1 周内能适应。个体在焦虑状态早期可以使用苯二氮䓬类药物，其可起到快速改善焦虑症状的作用，可口服阿普唑仑、劳拉西泮、奥沙西泮，使用2～4周后逐渐减量直至停用。

3. 抑郁状态

抑郁状态可能是应激反应的一部分，或是本次疫情所诱发的抑郁症。工作于抗疫一线的心理工作者要注意识别处于抑郁状态的人群。对于达到中重度抑郁发作标准或有明显消极念头者，心理工作者应给予积极干预和合理的药物治疗。处理原则：①若患者有消极观念或自杀倾向，应严密监护，必要时进行危机干预。②对于由于抑郁而出现食欲严重下降或拒食者，可给予鼻饲或静脉营养，纠正水电解质和酸碱平衡失调。③可选用选择性5-羟色胺再摄取抑制药（SSRI）（如帕罗西汀、舍曲林）或5-羟色胺和去甲肾上腺素再摄取抑制药（SNRI）（如文拉法辛、度洛西汀）或特异性5-羟色胺受体拮抗药（NaSSA）（米氮平）进行抗抑郁治疗，药物使用的时间根据抑郁情绪的严重程度和缓解情况而定。④建议患者到精神科门诊就诊。

4. 谵妄

有脑部疾病、全身感染、水电解质和酸碱代谢失衡的患者及伴有多种躯体疾病的老年患者，容易出现谵妄。表现为：①意识障碍，以对环境认识的清晰度降低为特征。②注意力的集中、持久或变换目标的能力经常受损，导致患者的注意力分散。③记忆力、定向力障碍，思维和行为紊乱。④错觉和幻觉，且存在继发于幻觉的妄想或情绪反应。⑤睡眠-觉醒障碍，如失眠或嗜睡。⑥部分患者出现典型的昼轻夜重节律。处理原则：①治疗原发性疾病是消除谵妄的关键。②对症治疗，如急性谵妄所导致的兴奋、躁动可使用小剂量抗精神病药（如奥氮平、喹硫平、氟哌啶醇）。

5. 急性应激障碍

急性应激障碍患者最初常出现“茫然”状态，表现为意识范围狭窄、不能领会外在刺激及定向力障碍，接下来对周围环境进一步退缩，表现为少语少动、目光呆滞、问话不回答，甚至不吃东西也不喝水、呆若木鸡。也有人表现为激越性活动过多（逃跑反应或神游），常存在惊恐表现。急性应激障碍的症状一般在患者受到应激性刺激后几分钟内出现，并在2～3日消失（常在几小时内），患者对于发作可有部分或完全遗忘。处理原则：①对于表现为激越、兴奋的患者，可给予适当的抗精神病药物，如氟哌啶醇、奥氮平、喹硫平。②患者有抑郁或焦虑症状，可给予SSRI（如帕罗西汀）或SNRI（如文拉法辛）。③睡眠困难者可短期使用小剂量的中、短半衰期镇静催眠药，如唑吡坦、佐匹克隆。④苯二氮䓬类药物如劳拉西泮、阿普唑仑等有很好的抗焦虑和镇静作用，可短期使用，改善焦虑和兴奋症状。上述药物的使用以中、小剂量为宜，症状缓解后可逐渐减量。对于进食差或有明显脱水症状的患者，可给予支持性补液治疗。

6. 创伤后应激障碍

随着时间的推移，创伤后应激障碍（posttraumatic stress disorder，PTSD）的患病人数逐渐增加，多数患者在创伤性事件后的6个月内发病，一般在12个月内恢复正常，少数患者可持续多年。PTSD的核心症状为创伤性再体验、回避和麻木、警觉性增高。处理原则：早期应用苯二氮䓬类药物可预防PTSD的发生，但长期应用易导致依赖。抗抑郁药物如SSRI（帕罗西汀、舍曲林）和SNRI（文拉法辛）除改善睡眠、抑郁、焦虑症状外，能减轻闪回和回避症状。

7. 冲动行为

冲动行为在个体遭遇急性应激后较易发生，特别是当个体经历严重灾难、丧失亲人、丧失肢体后更易发生。冲动行为往往突然发生，患者对行为的主观控制能力减弱，带有破坏性。处理原则：针对具体情况给予抗精神病药物治疗。一过性冲动行为可给予氯硝西泮肌内注射，持续性冲动行为可在上述治疗的基础上给予奥氮平或喹硫平。对于慢性冲动者，可给予心境稳定药（如碳酸锂、丙戊酸钠）。以上心境稳定药在使用时应注意从小剂量开始，还应注意患者的肝肾功能、是否起皮疹，以便及时调整药物的浓度。

8. 自杀行为

一般将自杀行为分为自杀意念、自杀未遂、自杀死亡3种形式。自杀意念是有寻死的愿望，但没有采取任何实际行动；自杀未遂是有意毁灭自我的行为，但并未导致死亡；自杀死亡则为采取有意毁灭自我的行为，并导致了死亡。突发应急事件后，自杀率可能上升。处理原则：在确保患者生命安全且有监护人陪护下进行药物治疗，可选用SSRI（如帕罗西汀）或SNRI（如文拉法辛）；若患者出现兴奋、激越，可给予氯硝西泮肌内注射或氟哌啶醇肌内注射。

五、运动干预方案

新型冠状病毒肺炎疫情席卷全球，由其引发的心理问题是疫情期及疫情后心理工作者面临的重要课题。已有研究表明，规律进行运动能够改善个体的认知功能、调节个体情绪及提高不同人群的社会适应能力。那么，当社区工作人员面临心理问题时，应该选择何种运动方式？又该如何制定运动处方以达到促进其心身健康的效果？现阐述如下。

（一）选取适宜的运动强度

在参加体育运动时，社区工作人员应根据自己的身体状况选择适宜的运动强度。通常来讲，中、高强度的运动在帮助人们缓解心理应激和调节不良情绪方面具有积极作用。

1. 运动强度的划分

（1）低强度：指引起呼吸频率及心率稍有增加，感觉轻松的身体活动。例如，散步、做简单的家务、学习及办公等。

（2）中等强度：指需要适度体力消耗的身体活动，呼吸比平时较急促，心率也较快，微出汗，但仍然可以轻松说话。例如，快步走、打羽毛球等。

（3）高强度：指需要较多体力消耗的身体活动，呼吸比平时明显急促，呼吸深度和心率大幅增加，出汗，停止运动、调整呼吸后才能说话。例如，快速跑步、快速骑自行车等。

2. 运动强度的评估

运动强度可以根据能量的消耗水平进行评估。对于非专业人员，可以采用脉搏测量或主观运动强度等级量表进行判断。

（1）脉搏测量：运动结束即刻计数 10 秒桡动脉或颈动脉脉搏，乘以 6 换算成每分钟心率。

最大心率百分比＝负荷后即刻心率 /

［220－年龄（岁）］×100%

（2）主观运动强度量表测量：根据个体主观运动感觉对比主观运动强度等级量表，选择相应的等级（表 3-1）。

表 3-1　主观运动强度等级与能量消耗、心率对照

运动强度	能量消耗	主观运动强度等级			最大心率百分比
		等级	主观运动感觉	运动强度分类	
低强度	1.0～2.9MET	6	安静、不费力	静息	静息心率
		7	极其轻松	非常低	＜50%
		8			
		9	很轻松		
		10	轻松	低强度	50%～63%
		11			
中等强度	3.0～5.9MET	12	有点吃力	中等强度	63%～76%
		13			
高强度	≥6.0MET	14	吃力	高强度	76%～93%
		15			
		16			
		17	非常吃力	超高强度	≥94%
		18			
		19	极其吃力		
		20	精疲力竭	最高强度	100%

（二）选择适当的运动类型

依据运动类型，日常锻炼可以分为有氧运动、无氧运动及抗阻训练等。

1. 有氧运动

有氧运动是指机体在氧供充足的情况下由能源物质氧化分解提供能量所完成的运动。常见的有氧运动包括步行、慢跑、滑冰、游泳、骑自行车、跳健身舞、做韵律操及跳广场舞等。

2. 无氧运动

当进行非常剧烈或急速暴发的运动时，机体在瞬间需要大量能量，而能源物质来不及进行有氧分解，有氧代谢不能满足机体此时的能量需求，于是进行无氧代谢，以迅速产生大量能量。与有氧运动相比，无氧运动的强度高，持续时间短。常见的无氧运动包括快速短距离跑、投掷、跳高、跳远及拔河等。

3. 抗阻训练

抗阻训练又称力量训练，是克服外来阻力时进行的主动运动，是提高肌肉力量的重要手段。常见的抗阻运动包括引体向上、仰卧起坐、俯卧撑、瑜伽及“小燕飞”等。

在调节心理应激、缓解焦虑或抑郁情绪方面，有氧运动或有氧与抗阻相结合的运动是目前有效的运动方式。同时，根据运动时施加在关节上的负荷量，可将身体运动划分为高冲击运动和低冲击运动。高冲击的运动方式易使锻炼者受伤，所以老年人或身体肥胖者或初学者最好选择低冲击的运动方式。高冲击运动包括跑步、打篮球及做节奏很快的有氧操。低冲击运动包括散步、骑自行车、游泳及做节奏较慢的有氧操。

（三）制定科学的运动处方

不同人群、不同运动目标者的运动方案不尽相同。在以缓解个体心理应激水平、调节情绪、促进心理健康为目的的运动方案中，运动强度建议设置为中等强度，运动类型建议设置为有氧运动或有氧与抗阻相结合的运动，运动时间建议为20～30分钟，运动频率建议为每周3～5次。结合此次疫情特点，简要介绍几种适合在疫情期间或疫情后进行的运动方案。

1. 步行运动处方

（1）运动目的：促进血液循环，增强心肺功能；促进食欲和消化，从而增加营养的摄取量；增强体质；调剂精神，活跃思维。

（2）运动类型

1）散步（表 3-2）：①身体姿势，身体自然直立，抬头挺胸，收腹、收臀，保持与脊柱成一条直线，两肩放松，两臂自然下垂。中老年人因机体功能趋向老化（如脊柱弯曲、关节趋向僵硬），需要做扩胸体操、直体站立锻炼，使颈椎和脊椎、下肢成一条直线，两臂自然下垂，两眼平视，在散步前做好预备姿势很有必要。②走步动作，在走步过程中，头部正直但可以自由转动，上体正直；两臂协同两腿迈步；动作自然、前后摆动，两腿交替屈膝前摆，脚跟着地滚动至脚尖着地时，另一条腿屈膝前摆足着地，步幅因人而异，一般 1～2 脚大小。

表 3-2　常见散步法要领及其适用人群

常见散步法	要领	适用人群
普通散步法	速度为每分钟 60～90 步，每次 20～40 分钟	有冠心病、关节炎、高血压、脑出血后遗症及呼吸系统疾病的老年人
快速行走法	速度为每分钟 90～120 步，每次 30～60 分钟	身体健康的老年人和有慢性关节炎、肠道疾病或处于高血压恢复期者
后臂背向散步法	即行走时把两手的手背放在腰部，缓步背向行走 50 步，再向前走 100 步，一退一进反复行走 5～10 次	患有轻微老年痴呆和神经疾病者
后臂散步法	行走时两臂前后做较大幅度的摆动，行走速度为每分钟 60～90 步	有肩周炎、关节炎（上下肢）、慢性气管炎、肺气肿等疾病的老年人

2）踏步走：身体直立，两臂自然下垂或屈臂；两腿交

换屈膝抬腿，全脚或前脚掌落地，两臂协同两脚做前后直臂或屈臂摆动。注意：屈膝抬腿的最高点是大腿抬至同髋高，直腿或屈膝落地均可；脚落地时，最好用前脚掌先着地，然后滚动全脚着地，注意脚的缓冲，身体重心落在前脚掌上。

3）快步走：身体要适当前倾3°～5°，抬头，肩背放松，挺胸、收腹、提臀。在走步过程中，两臂配合两腿协同摆动，前摆时肘部成90°，手臂高度不得高于胸部，后摆时肘部成90°，两臂在体侧自然摆动，摆幅随步幅的变化而变化。步频加快，步幅尽量稳定，前摆腿的脚跟着地后迅速滚动至前脚掌着地，动作要柔和，后脚离地。两脚以脚内侧为准，踩成一条直线。臀部随前迈步着地，完成后蹬动作，而稍有前后左右的摆动，但不宜过大。步速要均匀，也可变速，但不能出现腾空。

（3）参照运动量：见表3-3。

表3-3　不同年龄组步行预备性运动处方

周次	≤30岁			30～39岁			40～49岁			≥50岁		
	距离（m）	时间	次数（周）	距离（m）	时间	次数（周）	距离（m）	时间	次数（周）	距离（m）	时间	次数（周）
1	1600	15′00″	5	1600	17′30″	5	1600	18′00″	5	1600	18′30″	5
2	1600	14′00″	5	1600	15′30″	5	1600	16′00″	5	1600	16′30″	5
3	1600	13′45″	5	1600	14′15″	5	2400	24′05″	5	1600	15′00″	5
4	2400	21′30″	5	2400	14′00″	5	2400	22′00″	5	2400	24′30″	5
5	2400	21′00″	5	2400	21′15″	5	3200	31′00″	5	2400	23′00″	5
6	2400	20′30″	5	2400	21′15″	5	3200	30′00″	5	2400	22′30″	5

（4）运动频率：每周3～5次或每日1次，每日总时间在45～60分钟。

2. 跑步运动处方

（1）运动目的：调节个体神经系统功能，尤其是调节自主神经功能，缓解“亚健康”状态。同时，有利于运动者改善心肺功能、增强体质、促进新陈代谢及改善消化功能等。

（2）运动类型

1）走跑交替：适合年老者及长期缺乏运动者。在运动的过程中，建议与他人为伴，不仅能转移运动带来的疲劳和不适，更有利于运动者之间进行有效的沟通。方法：先走100～200m，后慢跑300～500m，重复数次。初参加运动者，可走1分钟后跑1分钟，交替进行。经过一段时间后，缩短走的时间，直到能慢跑5～8分钟。之后每隔1～2周逐渐增加跑步时间和距离，每周跑4～8次。

2）匀速跑：是在跑的过程中速度基本保持不变、均匀分配体力的一种跑步方式。长期坚持匀速跑，对缓解运动者生活中的不良情绪具有积极作用。匀速跑对中年人来说较合适，可根据自己的体力合理地选择跑步速度，也能够比较容易地控制运动中的心率，运动者还可以采用固定时间、固定距离的匀速跑，灵活多样，自由掌握。

3）间歇跑：是慢跑和行走相交替的一种过渡性运动，

也是年老体弱者进行运动的一种形式，有助于提高个体的心理抗压能力。一般从跑 30 秒、行走 30～60 秒开始，逐渐增加跑步时间，提高心脏负荷，反复进行 10～20 次，总时间为 12～30 分钟，之后每 2 周根据个人的实际情况再逐步增加运动量，建议每日或隔日进行 1 次。

（孟　焱　陈雷音　刘文文　张建宏　李　欣）

第四部分

常见社区工作人员心理问题案例分析

一、焦虑

案例1：我为什么睡不着，脑海里像放电影一样，停不下来？

某男，干警，28岁。以前“沾枕头”就睡，最近睡不着，躺在床上，脑子就开始胡思乱想，像放电影一样，如白天的事、以前的事、以后可能会发生的事，停不下来。内心着急，越是告诉自己“早点睡，别想了”，越是睡不着。

答：面对任何应激事件，人们都会产生焦虑反应，焦虑时最容易出现睡眠障碍。第一，要明白出现这种情况是因为情绪有些焦虑、紧张。第二，要试着接纳这种焦虑、紧张，安慰自己遇到如此重大的突发应急事件，出现紧张、害怕是正常的。第三，学习一些放松技巧：①可以选择一个角落，设立为“安全岛”，涂上一些让自己感到舒适的颜色，或贴上让自己觉得安全的贴画，当感到焦虑时，就去这个地方做深呼吸，直到感觉放松些。②给自己设定一个集中的“焦虑时间”，记录自己的焦虑或担忧，包括引起焦虑的事件和想法等，集中处理。③用“我正在逐渐放松”代替“早点睡，别想了”。大脑有一个奇怪的特点，越是劝自己别想了，思维越是天马行空。用明确、积极的暗示给大脑框定一个范围，思维就会“乖一点”。但也不能反复告诉自己“早点睡”，因为睡不着的人都害怕睡觉，这个时候“早点睡”就变成了一个扣动焦虑的“扳机点”，越是对自己说“早点睡”，反而越焦虑。④进行呼吸放松或渐进式肌肉放松练习。⑤如果尝试的方法效果不好，失眠特别严重，影响到次日的工作，可以在医生的指导下使用催眠药物。

案例 2：为什么我的脾气变得越来越大，记忆力变得越来越差？

某女，民政干事，50 岁。最近发现自己的耐心变得特别差，很平常的问题，说几句，声音就变大了，再说几句，就怒气上头；工作时也心烦意乱，完全不能专心；常丢三落四，上级刚交代的工作，转头就忘记了，做事情做一半，别的事情一来，就把未完成的工作暂停，稍后就不记得了。

答：面临重大突发应急事件时，人们的情绪总是先于理智，这是有生理基础的。管理情绪的脑力功能分区（脑区）在发育时就比管理理智的脑区出现得早，在遇到危机时，情绪的暴发也比理智要快。脾气变大了是人类的应激反应，但也不能因此放纵脾气的暴发，可以试着反思：为什么发脾气？对于这个问题，是否有不同的看法？下次遇到这种情况应该怎样应对？可以试着做点什么，给自己争取时间走出目前的处境。例如，握紧拳头再放松，或倒杯水。

关于记忆力变差的问题，如果是在突发应急事件期间发生的，大多数与压力增大、工作烦琐、任务多变等相关，最好随身携带一个记事本，将需要做的事情随时记录下来，完成一件划掉一项，这样每划掉一项，还能客观地看到自己完成的工作成绩，产生成就感。为了更客观地了解记忆力，也可以找个安静的地方，用心理测验评估记忆力，以明确是否存在病理性的记忆力下降。

案例3：我怎么变得胆小了，一点声音就吓得心脏“怦怦”跳？

某男，网格员，34岁。最近不知道为什么一听到电话铃声响或听到有人喊自己的名字，就会受到惊吓；遇到突发状况，就六神无主；平时一个人就能解决的问题，现在不敢做决定；时不时心脏还会一阵乱跳；坐不住，总是反复坐下起来。平素身体健康。

答：这是比较明显的焦虑反应，主要是警觉性增高，对于旁人来说正常的声音，如电话铃声，对患者来说，都会因过度紧张产生惊跳反应。因为大脑里的“警报系统”一直在“报警”，就会坐立不安、心跳加快。遇到这种情况，第一，要明白这些反应是焦虑、紧张带来的，不能自己吓自己，认为自己患了严重的疾病。第二，要练习能让自己放松的训练。例如，将注意力完全集中在呼吸上，全心全意将吸入的空气注入腹部，试着每一次呼吸，花3秒吸气，用3秒屏住呼吸，再用3秒缓慢呼气。如果安静的呼吸无法奏效，也可以采用运动的方式，打太极拳就是一个不错的选择，随着轻柔的音乐，缓慢地迈开腿、推出掌，全心全意地沉浸在每一招、每一式中，体验放松的感觉。做些有意义的事情分散自己的注意力，让自己不要总关注心率，也可以与同事聊天，分担压力。这种情况也可以用药物治疗。

案例4：我怎么总是觉得自己难受得像快要死亡了一样，不敢独处？

某女，残联工作人员，45岁。最近发现自己经常出现心慌，自觉可能是劳累导致的，调班休息，但休息并没有使心慌停止，反而独自在家休息时，变得更难受，心跳得更快了，一瞬间好像有块冰放在胸口，从头凉到脚，呼吸也变得困难了，手脚似乎动不了，没有力气，开口说话都感觉费力。自述觉得自己快要死掉了，家人不停地给自己揉搓手脚、喂水，跟自己交谈，过了十几分钟才缓过来。此后，自己总是感觉害怕，不愿意一个人待着，无法独自完成工作，总是害怕再发作，随身带着一瓶速效救心丸。

答：面对这种情况，首先建议患者先做相关的检查，以排除身体的疾病，如果检查结果正常，或身体仅有一些小问题，那么可以确定这是惊恐发作，即出乎意料、突如其来的惊恐体验，有濒死感及严重的生理反应（如心慌、呼吸困难、无力和感觉异常）。躯体检查没有相应的阳性发现。因为恐惧，带来了很多行为改变，如不敢一个人独处、随身携带速效救心丸等。遇到这种情况，患者需要先理解，惊恐发作本身不会造成生命危险，这样理解有助于将身体的不适症状和对死亡的恐惧拉开距离。由于症状发作时难以忍受，可以先用药物将症状缓解下来，然后通过放松和情绪稳定让焦虑减轻。对于这种情况，后期还需要跟进个体心理治疗，需要一段时间来恢复。

案例5：为什么我不敢开车了，总是忍不住反复检查行车记录仪？

某男，派出所民警，25岁。5年驾龄，以前开车很细心，平常工作也很认真，开车前会检查车辆2次。此次疫情开始后，发现自己变得不敢开车了，特别是晚上到路口时，总是担心自己是不是撞到人了，忍不住停车下来回头检查，如果当时无法停车，也会在到达终点时翻看行车记录仪，确认自己是否撞到人。自己心里也明白，路上根本没有人，但就是放心不下来。为了不影响工作，干脆骑电动车去工作，觉得这样视野范围广，不会出差错。

答：这是一种强迫症状，因为担心自己撞到人而反复检查，尽管理智上明白并没有撞到人，却欲罢不能。在紧张、焦虑、压力大、睡眠不佳的时候，强迫症状会变得明显。首先需要降低自己的焦虑，可以列个表，看看哪些问题让自己感到有压力，就针对这些问题去解决；合理安排自己的作息时间，尽可能地让自己得到充分的休息，必要时可以寻求同事和家人的帮助；保证自己的饮食，要有充分的体力；练习放松技巧，让自己更平静；特殊情况下，为了不影响工作可以骑电动车，当条件允许，工作稍微轻松一点，人也比较放松的时候，还是建议开车，暴露在让自己感觉焦虑的情境中，不去回避，而是用习惯化来克服自己的焦虑；如果情况严重，建议进行个体的心理治疗，必要时合并药物治疗。

案例 6：我为什么总是听到或看到不幸的事情？

某女，居委会干事，38 岁。以前是个很开朗的人，属于集体中特别能活跃气氛、妙语连珠的人，最近却经常唉声叹气，而且发现自己不管是看新闻还是跟同事聊天，或工作去走访业主，总能获知不幸的消息。例如，某人因为新型冠状病毒肺炎去世了；新闻里报道的超级传播者，影响了几千人；哪里楼塌了，哪里地震了，哪里发生车祸了等信息。好像生活一下子陷入了地狱，都没有一件让自己高兴一点儿的事情。人也变得不爱说话了，努力地做自己该做的工作，但总觉得看不到头，希望渺茫。

答：这是出现了抑郁情绪，只看到事物的消极面，而忽略了积极面。此时，需要对自己的消极信念进行质疑，如真的只有坏消息而没有好消息吗？刻意寻找积极的信息来挑战自己的想法。日常工作中做出了成绩，哪怕只是小小的进步，也要记录下来，给自己一点奖励。学习做自己的好朋友，对自己说些友善的话，给自己鼓劲。给自己一点独处的时间和空间，做自己想做的事情。对自己说说今天发生的3件好事，让自己的心情好转：可能是一个陌生人的感谢，可能是治愈病例超过了死亡病例，可能是今天的阳光很温暖，可能是又完成了一个区域的排查等。尽量保证充足的睡眠和营养。用深呼吸或冥想来帮助自己放松。跟家人保持良好的沟通，聊聊自己的状态，跟家人一起看电影、打牌，避免一个人孤独应战。适当的运动也有助于缓解压力。必要时，可以咨询心理科医生，进行个体心理治疗或药物治疗。

二、抑郁

案例7：为什么我总是心情不好，且吃不好、睡不好？

某男，派出所民警，46岁。近期总是感到情绪低落、自责，夜间睡眠差2周。1个月前其父因病去世，考虑到此次疫情期间工作人员紧张，一直隐瞒其父亲去世的消息，克制自己悲伤的情绪，始终在一线工作。随着疫情缓解，2周前与同事提起家人，回忆起父亲去世，自己却未能在身边尽孝，认为自己是不孝子，没能见到父亲最后一面，陷入深深的自责。逐渐开始出现情绪低落、食欲缺乏、睡眠不佳，尤其是早醒。近期无法正常工作和生活。

答：考虑其为抑郁状态。综合分析求助者的年龄、职业、性格特征，认为其出现抑郁情绪主要有 2 个方面的因素。一为疫情来临，压力较大；二为父亲去世，求助者认为自己不孝而自责。进一步分析，求助者的主要问题为压力应对和认知问题。应该主要引导其学会压力应对和情绪管理，采用认知行为治疗进行认知调整、改善睡眠。

1．心理工作者做到共情、理解、接纳，将求助者的抑郁合理化。

2．宣泄法。心理工作者教导求助者通过宣泄将内心不良的情绪体验表达出来，往往可以减轻情绪反应的强度，缩短情绪体验的时间，从而使情绪可以较好地恢复。在不违反法律、道德，无伤害等原则下，求助者可以选择任何一种方式宣泄自己的不良情绪，如呐喊、跑步、倾诉、哭泣、写日记等。

3．放松练习。在负性情绪的影响下，个体会产生一些身体反应，如呼吸急促、心慌、胸闷、坐立不安等，而通过放松练习不仅可以缓解身体不适，还可以进一步平复负性情绪，以期获得内心的平静。心理工作者可教会求助者简便易学的放松练习，如肌肉松弛练习。

4．心理工作者通过心理稳定技术、安全岛技术引导求助者进行想象，找到“内在的安全岛”。求助者想象自己内心深处有一个绝对惬意、舒适的场所，可以位于世界上的任何一个地方，但最好脱离现实世界而只存在于想象空间。这是想象中的世外桃源，不受外界干扰，并且只有自己才能进入。在这个场所里，个体绝对有能力阻止任何未受邀请的外来物闯入，且不存在任何人际关系上的压力，如果感到孤单，可以随身携带一些友好、亲密的物件。总之，在这个个体想象的安全岛里，没有任何压力存在，只有让个体感到轻松、安全、自由、充满爱意的东西。通过反复练习，安全岛在内心清晰、明确起来。

5. 心理工作者可采用认知行为治疗对求助者进行认知调整，帮助其唤起理性思考，及时识别情绪背后隐藏的思维陷阱。心理工作者可采用“产婆术”式提问，引导对求助者自我驳斥，如“照您这么说，没有见最后一面就是不孝，见最后一面就是孝？和客观事实相符吗？”等，从而进行认知调整，消解负性情绪。

6. 失眠是由情绪（紧张、恐惧）、想法（担心、灾难化联想）与行为（想睡觉、强迫自己睡觉）的交互引起的。心理工作者可帮助对求助者改善睡眠，首先应纠正其对睡眠的认知，然后采用睡眠限制法提高睡眠效率。

案例 8：我为什么总是高兴不起来，浑身乏力？

某女，村委会成员，30 岁，负责入户排查。情绪低落、心烦、自卑、自责 2 个月，加重 20 余天。2 个月前，因新型冠状病毒肺炎疫情，上级通知取消春节休假，全员在岗。其的工作主要是入户排查，频繁接触不同人群，防护措施却只有一层口罩。家里有 2 位老人，2 个孩子，免疫力都偏弱。加之新型冠状病毒肺炎潜伏期无症状却具有传染性，其担心自己身上会携带或感染新型冠状病毒，回家可能导致家人感染新型冠状病毒肺炎。加之每天工作时间长、风险大、压力大，逐渐出现情绪低落、乏力懒动、食欲缺乏、睡眠不佳。近 20 天加重，无法正常工作和生活。

答：考虑其为抑郁状态。心理工作者注意分析求助者的年龄、职业、性格特征，做到共情、理解、接纳，将求助者的抑郁合理化。

1．宣泄法。求助者通过宣泄将内心不良的情绪体验表达出来，往往可以减轻情绪反应的强度，缩短情绪体验的时间，从而使情绪较好地恢复。在不违反法律、道德，无伤害等原则下，求助者可以选择以下任何一种方式宣泄自己的不良情绪，如呐喊、跑步、倾诉、哭泣、写日记等。

2．放松练习。在负性情绪的影响下，个体会产生一些身体反应，如呼吸急促、心慌、胸闷、坐立不安等，而通过放松练习不仅可以缓解身体不适，还可以进一步平复负性情绪，以期获得内心的平静。心理工作者可教会求助者简便易学的放松练习，如腹式呼吸放松练习。

3．心理稳定技术。心理工作者可鼓励求助者尝试保险箱技术，通过想象来完成负性情绪的处理，以达到心理状态的稳定。把内心积攒的负性情绪及所有与负性情绪相关的人和事进行“打包封存”，放入保险箱，并且由自己掌管钥匙。

“避其锋芒”，实现其正常心理功能的恢复。是否或何时打开保险箱的决定权都取决于自己，在自己做好充分准备的前提下重新触及那些带来负性情绪的压力，并探讨相关的事情。

4. 认知调整。心理工作者可帮助求助者唤起理性思考，及时识别情绪背后隐藏的思维陷阱。引导其以自我提问的方式进行抽丝剥茧的分析，如“我的想法的依据是什么，客观事实相符吗”“有无其他的可能性”“我的想法的更深层含义是什么”等，从而进行认知调整，消解负性情绪。

求助者应对：①将抑郁合理化，疫情之下，允许自己存在抑郁情绪，并且抑郁情绪还可能会持续存在，但抑郁情绪会随着疫情过去会慢慢减轻。②支持、接纳，家人之间尽量做到相互理解、相互支持、不抱怨，重视家庭成员之间的交流，让爱在家庭中流动。③合理释放压力，对家人倾诉、写日记、与朋友交流趣事等。④适度获取信息，减少电子产品的使用时间，如每日控制在 1 小时以内。只关注官方媒体发布的疫情相关信息，避免过度浏览负面信息引起恐慌。⑤放松，可以听一些放松音乐等。⑥提高机体免疫力，规律作息、合理膳食、保持良好的心态。

三、恐惧

案例 9：我为什么不断有各种消极的想法冒出来？

某女，基层工作人员，47 岁，负责发放物资。担心自己每天接触那么多人，会不会感染，总是坐立不安、心神不宁，不断有许多消极的想法涌上心头，害怕自己被感染或自己感染后再传染给家人，有时还伴有心慌、胸闷、呼吸困难、腹泻等躯体不适，不想出门，不想上班。

答：求助者的症状或表现是人们遇到新型冠状病毒肺炎这一突发应急事件的正常反应。社区工作人员因工作需要，经常面对很多不同的人和社区里的突发状况。在疫情的影响下，社区工作人员常见的情绪反应包括焦虑、恐惧、抑郁等，因为新型冠状病毒肺炎会威胁人们的生命健康，人们面对危险时，内心充满了强烈的不确定感、失控感、无力感，在这样恐惧的状态下，人们总是试图通过哭闹、发怒、攻击行为等各种各样的手段来缓解这种不适，会对周围人造成伤害。恐惧也是一种情感卷入，卷入的情感越多，内心损耗就越大。

在该案例的治疗过程中，心理工作者使用个人中心治疗，以真诚、尊重、信任、温暖的态度陪伴求助者，通过对求助者共情、无条件的积极关注、开放式和封闭式提问、鼓励、自我暴露等技巧，引导其自由地表达内心的想法和感受，促进求助者认识自己、了解自己、接纳自己、肯定自己；同时帮助其发掘自身的内外部资源，面对和解决情绪困扰，获得个人成长。赋予恐惧正性的意义，它可以帮助求助者更加了解自己，促使其创造更有意义的生活。

案例 10：我为什么特别害怕接触陌生人？

某男，社区工作者，39 岁。其每天都要接触形形色色的人，没有专业的防护物资，特别恐惧去接触陌生人，害怕被感染。其有一次因为不能够及时帮助疑似感染的居民去医院检查，而被患者家人找上门，患者家人情绪激动、又打又骂，极度心理恐惧致使其在之后很长时间里看到有人找到社区连门都不敢开，每日都处于担心社区工作不到位、害怕居民不理解的恐惧中，身心健康都受到了严重的影响。

答：恐惧是指受到了惊吓或威胁而产生的内心不安、害怕、慌乱的状态。面对新型冠状病毒肺炎疫情，所有人都有可能感染，恐惧源于人们对生存的欲望和对死亡的焦虑，以及对自己健康状况的不确定感。在疫情发生之后，口罩、酒精、手套、护目镜、防护服等物资匮乏，使人们的生命安全受到威胁。在相当长一段时间内居家隔离，生活和工作受到限制，失去自由，这是人们对疫情恐惧的另一个原因。受新型冠状病毒肺炎疫情影响，社区工作人员不仅要承受心身超负荷，还有可能会因为面对情绪失控的民众而心生恐惧。恐惧也具有两面性，一方面当恐惧处于适度时，会让人提高警惕，尽可能减少出门，不得已出门时做好防护措施以保护自己；另一方面，当恐惧过度强烈时，会让人持续处在惶恐之中，内心变得脆弱、敏感。应对本案例，心理工作者帮助其认识到事件、认知、情绪、行为之间是相互影响的，引导其发现并调整自己的不合理认知，促使其从思维的陷阱中走出来，赋予其生活积极的意义，以及更多的能量和资源。

求助者应对：①通过官方网站了解新型冠状病毒肺炎相关知识，在工作中做好自我防护。正确面对疾病，保持积极心态。②学会表达情绪，接纳自己的恐惧情绪，认识到这是人们面对危机的一种正常的情绪反应。可以通过向家人、朋友等诉说自己内心的感受，并感受内心焦虑、恐惧时身体的反应，可以使情绪问题得到缓解。③劳逸结合，做自己感兴趣的事，学会放松自己的心身。④规律饮食，保证休息，适当运动，增强自身免疫力，降低感染的可能性。⑤如果自身无法调节焦虑、恐惧情绪，应积极向朋友、家人及专业人士寻求帮助，也可以及时向工作单位报告自身的情况，若情况允许，可以暂时脱离工作岗位。通过倾诉、自我调节等方式调节情绪后，若仍存在多疑等情绪，且严重影响工作及生活，则须寻求相关专业人员的帮助。

四、失眠

案例 11：为什么我总是睡不着？

某男，派出所民警，37 岁。因疫情而焦虑，且因工作需要每日面对各种各样的人，防护品也只有口罩、工作服，没有办法隔离，担心把病毒带回家，家里还有 2 个孩子，总是担心如果被感染，影响家人健康。非常时期，每日都很紧张，回家各种清洗，还是担心。近 1 个月凌晨二三点钟还是睡不着，玩手机打发时间，且睡眠浅、易早醒，导致白天精神倦怠、注意力不集中、记忆力下降等。

答：失眠是一种持续相当时间的睡眠质和（或）量令人不满意的症状，如无法入睡或无法保持睡眠状态，导致睡眠不足，又称入睡和维持睡眠障碍。可以表现为各种原因引起的入睡困难、睡眠浅、早醒及睡眠时间不足或质量差等。避免失眠还应少喝咖啡、浓茶及酒。适当服用催眠药物是解决失眠问题的有效方法。

本案例中，求助者因疫情焦虑，使神经长期处于紧张状态，脑内过度释放兴奋物质，引起失眠。心理工作者可通过认知行为治疗帮助求助者正视失眠；通过解释、指导，使求助者了解睡眠的相关知识，减少不必要的预期性焦虑反应；指导求助者进行呼吸放松训练，把注意力集中在下腹部，用鼻子缓慢地吸气、呼气，感受气流从鼻腔沿着器官进到肺部的过程，腹部慢慢地隆起，吸气转为呼气时稍微停顿几秒，使氧气与血管里的浊气充分交换，缓慢地呼气，想象浊气慢慢地被释放到空气中，以放松身心、减轻焦虑，加快入睡的速度；求助者也可以尝试睡眠限制法，设置一个合理、固定的睡眠时间，然后在床和睡眠之间建立良性联系，不在床上看电视、看书、玩手机，只在困倦或需要休息时到卧室睡觉。

案例 12：为什么我总感觉情绪低落、难以入睡？

某女，武汉某社区卫生服务中心护士，29 岁。近期情绪低落，春节假期取消，工作很累，亲眼看见一些患者未来得及送至定点医院接受治疗，病情迅速恶化致死亡，觉得特别无助、内疚、自责，叹息生命怎么这么脆弱，自己好像什么也做不了。很久不能回家，想念家人，担心家人和自己的健康。疲惫不堪，但又难以入睡，脑子里会想很多。

答：社区工作人员包括基层医务人员、派出所民警、民政干事、残疾人专职委员、村/居委会及其他社区工作人员等，他们与在抗击疫情一线的医务人员一样，都是这场疫情“阻击战”的英雄。他们不仅工作繁重，心理也承受着巨大的压力。他们可能因担心自身的健康，同时因亲眼看见新型冠状病毒肺炎患者为疾病所苦，而产生二次创伤或替代性创伤。在本案例中，心理工作者可以采用认知行为治疗和稳定化技术帮助求助者了解认知对其心身的影响，通常引发情绪的是人们对事件的认知，而并非事件本身，通过矫正求助者不合理的认知，使其情绪和行为得到改善。心理工作者可帮助求助者面对和接纳现实，体验自己的情绪而无须试图改变它。心理工作者可指导求助者观察自己的想法和行为而无须试图停止或控制它们，尝试着只描述事实，不加评判，它们本身也会自然缓解。心理工作者可指导求助者使用安全岛、保险箱、蝴蝶拍、内在智者等稳定化技术，帮助其提升安全感、控制感，与创伤性事件和感受保持距离，使其情绪问题得到缓解。

求助者应对：①肯定自己所做工作的意义和价值，新型冠状病毒肺炎疫情得到控制离不开每一位医务人员、民警、社区工作人员等的付出。②看到自己对他人的帮助，为自己感到自豪，为自己的付出感到幸福；发现自我存在的价值，发现自我生命的意义。③同事间相互支持，与同事、家人分享自己的感受和状况，减轻压力，获取情感支持。④制订规律的工作、生活计划，生活越是充实，越不容易沉浸在焦虑、恐惧的情绪中，能够帮助自己获得生活的掌控感。⑤做自己情绪的主人，允许并接纳恐惧、焦虑、抑郁及各种负性想法的存在，发掘自己对什么感兴趣，去做自己喜欢的事情。如果喜欢看电影，可以每日看一部；喜欢绘画，可以每日练习 1 小时；喜欢音乐，可以每日欣赏 1 小时音乐，做自己真正感兴趣的事情可以让人更加专注，也可以获得内心的平静和安宁。⑥尽量保证充足的休息时间，睡前躺在床上找个舒服的姿势，做深呼吸或冥想训练，放松自己。⑦面对失眠，顺其自然，不因短期失眠而过度焦虑。必要时，可以在医生的指导下短期使用镇静催眠药改善睡眠状况。在疫情结束后，人们又回到常规的生活方式，危机解除，睡眠自然会好起来。

五、强迫

案例 13：为什么我总想反复洗涤衣物、消毒?

某男，社区工作者，22 岁。反复洗涤、消毒、整理衣着、不敢去公厕 2 个月余，加重 2 周。2 个月前新型冠状病毒肺炎疫情暴发后，求助者负责帮助封闭小区业主购买生活用品，并分发到各家各户。期间有一次被一位业主“嫌弃”身上衣服有污渍，加之压力较大，逐渐开始出现反复洗涤衣物、消毒、整理衣着、不敢去公厕。2 周前见一同学，聊天之余该同学知道求助者疫情期间一直在接触不同人群，立刻要求分开。自此求助者症状加重，明知没有必要，但又无法克制，严重影响其生活和工作。追问成长史，求助者自幼家庭条件差，父母外出打工，由奶奶带大。从小懂事且自卑，很少与同学玩耍，总是被同学欺负。高中开始，又因脸上长青春痘更加自卑，几乎不与同学交流。

答：针对本案例，结合求助者成长史及疫情特殊情况，采用价值取向短程心理治疗。

1．心理工作者在共情、理解、接纳的基础上，将求助者的担心合理化。疫情来临，面对生活和工作上的变化，人们很容易出现情绪问题，个体要允许并接纳自己的强迫症状。强迫症状因疫情而来，也会随疫情而去。

2．心理工作者引导求助者将周围价值取向变为以自我为中心的价值取向：①了解自我，引导求助者重新认识并总结自己的价值取向，充分认识到自己为周围价值取向。②分析利弊，与求助者共同分析周围价值取向的利弊，深刻理解周围价值取向对自己带来的影响。③规则之下，自由飞翔。享受规则之下自己应有的权利。

3. 心理工作者引导求助者变他信为自信：①探寻真我，了解3个“我”，即“我心里的我”“我心里别人眼中的我”“心理治疗师眼中的我”，通过第三方视角，重新客观认识自我。②悦纳自我，接纳自己的优点，同时也要愉快地接纳自己的缺点与不足。竭力改变缺点，但也允许自己存在缺点，不去刻意地追求完美。③坦然从容，一个向内自我接纳的人，会由内而外散发出让人欣赏的自信。自信的人不容易被外界所扰动，面对周围事物，内心更加淡定和坦然。人们容易不再过度地质疑自己，专注于做自己内心想做的事，强迫思维也无从扰动人的内心，强迫行为也随之消失。

总结：以周围价值取向为主的人，情绪容易波动，也容易质疑自己，进而出现行为上的犹豫不决。而以自我价值取向为中心的人，更明白自己想要什么，并为之去努力。不易为外界所扰动，甚至质疑自己。通过外界赞美堆积起来的他信，如同无根的浮萍，经不起风吹浪打。向内自我接纳的人，总能悦纳自我，做起事来更加淡定和坦然，也就不容易出现自我质疑、反复怀疑和回忆等症状。

案例14：我为什么频繁刷手机？

某女，社区工作人员，33岁。疫情期间，负责协助社区的消毒工作。反复清洗、消毒、检查2个月余。新型冠状病毒肺炎疫情暴发后，求助者服从安排负责社区的消毒工作。求助者想安全地完成工作，通过多种途径查阅新型冠状病毒肺炎疫情期间消毒的相关知识，感觉疫情形势非常严峻，压力很大，害怕感染新型冠状病毒肺炎，更怕传染给孩子。求助者总担心清洗不干净或消毒不彻底。为获得更多的确定性，开始出现一些强迫行为，频繁、持续地洗手，不断喷洒酒精消毒，反复检查口罩的佩戴，频繁刷手机以获取最新信息，直至达到其认为的“安全”状态为止。明知没有必要，却又无法自控，严重干扰了日常的生活和工作。

答：针对本案例，结合疫情特殊情况，采用认知应对治疗技术。

1. 心理工作者在共情、理解、接纳的基础上，将求助者的担心合理化。疫情来临，任何一个人都无法做到置身事外，疫情确实在发展，疫情的传染也确实存在一定的不确定性，加上求助者工作内容的特殊性，所以存在担心是正常的，每个人都会有担心。

2. 心理工作者帮助求助者找到强迫症的根源害怕。求助者陈述出现强迫行为是因为担心自己和家人感染新型冠状病毒肺炎，每个人都会有担心，引导求助者寻找自己与他人的区别，为什么他人没有出现强迫状态，而自己却出现了。通过求助者的自诉，总结为“害怕”。

3. 心理工作者帮助求助者应对“害怕”。与求助者共同分析“害怕”的最终结果。此时，引导求助者确认自己是否感染新型冠状病毒肺炎的因素是防护是否得当，而不是害怕。教导求助者按照官方发布的信息做好防护即可。

4. 心理工作者引导患者学会应对强迫思维。以一个案例来引导求助者做到忽视强迫思维。

5. 强迫行为源于对强迫思维的焦虑，学会了应对强迫思维，那么强迫行为也会随之缓解。求助者可以尝试去做一些有价值、积极的事情，如看一本书、学一种技术等。

总结：反复清洗、消毒、检查，源于过分的担心、害怕，如何才能避免过分的担心、害怕？如何才能从反复的担心和强迫行为怪圈中抽离？心理工作者须引导求助者逐渐认识到刻意不去想或刻意转移注意力是行不通的，而是需要专注于做自己想做、喜欢做或自己认为重要的事情，也可给予现实行为实验的例子引导求助者做眼前的事情。最终达到让求助者自己领悟如何去做。

求助者应对：①接纳、允许自己有担心。此次疫情每个人都不能置身事外，个体遇到突发应急事件出现担心害怕的情绪反应很正常，但是如果担心过度，非但不能提高安全系数，反而徒增烦恼，按照官方提供的防护措施去做即可。②支持和关爱。重视家庭成员之间的交流沟通，做到相互理解、相互支持、不抱怨。③合理安排作息时间。珍惜与家人相聚的时间，可以一起做一些有意义或平时没时间做的事情，让生活充实起来。注意生活规律、合理膳食、保持良好的心态。④理性分析，坦然面对。相信官方信息，相信自己的判断，不信谣言、不传谣言。

六、躯体化症状

案例 15：我的喉咙为什么总感觉堵着?

某女，社区卫生服务中心护士，22 岁。即使在工作环境中“全副武装”，每接触完一个患者都要洗手或用酒精消毒，工作回家后还是觉得自己的喉咙不舒服，感觉有点堵，总是想清清喉咙；吃东西能够顺利地咽下去，但没什么食欲；胸口也闷闷的；反复测体温都是正常的，胸部 CT 也没有阳性发现，但还是不放心；回到家就自行隔离在一个房间里，把家里划分出污染区、过渡区和清洁区，除了上卫生间，都自己一个人躲在隔离的房间里，不跟家人接触，有事用微信联系。

答：此次新型冠状病毒肺炎以发热、干咳、乏力和消化道症状为主要表现，由于工作环境的特殊，求助者在医院里是有可能接触到患者的，担心自己被传染也是正常的情绪反应，这种焦虑反应让咽喉部产生了不适的体验。对于新型冠状病毒肺炎，人们需要了解正确的信息，如该病毒以呼吸道飞沫和与感染者密切接触为主要传播途径，在相对封闭的环境下长时间暴露于高浓度气溶胶也存在传染的可能。所以求助者需要做足防护，房间要通风，个人防护用品佩戴齐全，勤洗手，做到一诊室一患者。如果发现自己有症状，可以进行检查，并相信检查的结果。与家人沟通时可以采用室内佩戴口罩聊天或视频聊天等多种方式。给自己布置一些任务并完成，分散自己对躯体不适的关注。保证充足的睡眠和充分的营养。

案例 16：我的大便次数怎么增多了？

某男，残疾人专职委员，52 岁。最近大便次数增加，以为是食物问题引起的腹泻，吃了止泻药和抗炎药都没有作用。起初一日 2～3 次，渐渐地变成一日 5～6 次，大便检查正常。求助者没法外出工作，出去的第一件事就是寻找附近哪里有厕所，感到十分痛苦。但如果不出门，或在室内完成工作时，大便的次数反而减少。一旦接到任务需要出门，就总想跑厕所。

答：换个角度看，这其实是一种提醒。就像开车的时候看到仪表盘上的符号亮了，人就会停下来检查车子一样。这是身体在告诉自己，目前的压力已经激活身体的“警报系统”了，说明个体前期应对压力的策略不奏效了，需要停下来好好反思自己的情绪，审查自己的处理策略。当然，在根本上，这还是焦虑情绪带来的肠道易激惹症状。首先，求助者需要意识到自己可能是焦虑了，此时需要好好地理一理自己的情绪，接纳自己现在处在焦虑状态中，看看是什么引起的焦虑，理顺那些自己独自处理不了的问题，适当寻求他人的帮助。例如，考虑到症状的特殊性，向领导申请暂时不做需要外出的工作或负责办公室附近的区域；检视自己的躯体感受，通过呼吸放松、冥想、肌肉放松等训练缓解焦虑。上述方法如果效果不佳，在医生的指导下使用一些抗焦虑药物也是一种很好的选择。

案例 17：我的胸口怎么总是感觉“火辣辣”的？

某女，居委会干事，48 岁。最近总觉得胸口像糊了一层辣椒面一样，“火辣辣”地痛，吃一点东西就胀得难受，想打嗝打不出，觉得胸前有一股热气，从肚脐向上冲到咽喉部，上不去也下不来。以为是胃病，服用相关药物也无效。

答：身体的感觉能让人们感受到内心世界，热气上涌却找不到出口带来的那种堵塞感，在一定程度上可能提示内心有压力却释放不出来。这恰恰是一个让求助者学习通过注意身体感觉，辨认自己情绪的机会。当求助者察觉并接纳这一点时，身体的症状会有一定程度的改善，因为它作为警报器已经达到了目的。接下来需要求助者恢复身体的内在韵律和节奏，求助者应尽量保持正常的一日三餐和充足的睡眠；利用工作的空隙做些简单的运动，听听自己熟悉的音乐，跳跳自己喜欢的舞步；跟亲密的家人拥抱一下，或让家人帮着在肩膀和腰部涂点润肤露，轻轻地揉开；练习正念呼吸，降低“警报系统”的兴奋性。想象一下这种热气或“火辣辣”的感觉就是一个调皮的孩子，“他”在故意挑衅你，你可以选择不理睬“他”，让这种感觉顺其自然去任何想去的地方。在此基础上借助一些药物也不失为一个有效的策略。

案例 18：我为什么全身痒，又没有疹子？

某女，网格员，32 岁。以前身体很好，也没有发现过敏史。现在全身总是觉得痒，也没有出疹子，身上的皮肤抓破了也止不住痒，去皮肤科看诊，也查不出明确的病因，试过好几种治疗皮肤病的药膏，都没什么效果。同时又很担心，害怕自己的手不干净，抓破皮肤引起感染，整天焦虑不安。

答：皮肤感觉异常是身体发出的信号，由于过度的应激，造成了神经 - 内分泌 - 免疫系统功能发生紊乱，体内各种传递信号的化学物质失去平衡，传递感觉的神经系统工作也就出现错误，很容易出现感觉异常。面对这样的情况，求助者需要尽力地恢复身体的节律，保持既往的饮食习惯，恢复既往的运动，保证充足的睡眠。用正念呼吸和冥想训练帮助自己放松心情。对自己的身体进行适当的抚触，可以使用精油揉搓，也可以将温水装在气球里，从头面部到脚滚动，依次接触自己的皮肤，当进行这样的活动时，尽量把注意力集中在身体的感觉和呼吸上。

案例 19：我的脖子怎么硬了？

某男，社区卫生服务中心医生，36 岁。这段时间总是感到疲劳、心累、肩背痛，痛得受不了的时候向上放射到颈部和头皮，牵涉导致颈部僵硬、动不了。自己担心是长期坐在电脑前颈椎出了问题，检查后没有发现明显异常。但颈部还是痛，且仍僵硬、没法转动。又担心会不会是脑膜炎，可是确诊需要做腰椎穿刺，在疫情严重的情况下，这种有创的检查又令人不放心。求助者左右为难，不知如何是好。

答：求助者出现这样的症状，首先还是需要排除身体疾病，可以向神经内科的医生寻求帮助，通过采集病史和进行体格检查来初步判断是否存在脑膜炎的可能。通常脑膜炎除了颈部僵硬、头痛外，还会有发热（通常是高热）和脑膜刺激征的症状，这些通过体格检查就能发现，还可能出现呕吐、嗜睡或视物模糊等症状。如果真的需要做腰椎穿刺，现在医院系统的管控排查也是非常严格的，一次性的无菌材料、规范的操作及严密的防护下，检查者不易感染其他疾病。如果检查发现不是躯体疾病，那么可能需要检视一下情绪，是不是因为太紧张而导致肌肉总是在收缩，进而出现疼痛、僵硬。除了使用放松技巧帮助自己放松情绪以外，求助者还可以试着做一些投篮的动作，或双臂上举慢步走一会儿，打太极拳和八段锦也是很好的锻炼方式，有助于缓解肌肉的紧张和僵硬。

（张锦黎　史利静　张　磊）

第五部分

常见的心理问题评估量表

心理问题评估量表大多采用调查问卷的形式进行测评，多以分数作为结果进行评估，以标准化的原则为指导，从而量化心理现象或心理行为。心理问题评估量表的优点是简便、易操作、使用方便，量表使用者无须经过特殊培训就可以使用，同时容易被患者理解和接受。因此，心理问题评估量表的应用较广泛。

心理问题评估量表有许多种类，包括精神症状评估量表，与心理应激有关的生活事件量表、应对方式量表等。下文分类介绍一些常见的心理问题评估量表。

一、焦虑量表

1. 焦虑自评量表

焦虑自评量表（self-rating anxiety scale，SAS）（附表 1）

由 Zung 在 1971 年编制，为自评量表，用于反映有无焦虑症状及严重程度，具有较好的信效度。SAS 测量的是近 1 周内的症状水平，评分不受年龄、性别、经济状况等因素影响，但如果受试者文化程度较低或智力水平较差，则不能进行自评。

SAS 包含 20 个条目，采用 1～4 分的 4 级评分法（1 分表示“偶 / 无”，2 分表示“有时”，3 分表示“经常”，4 分表示“持续”），主要评定症状出现的频度。20 个条目中有 15 条是用负性词陈述的，正向计分；其余 5 条（5、9、13、17、19）是用正性词陈述的，反向计分。20 个条目的得分相加得到总分，总分乘以 1.25 取整数，即得标准分。标准分低于 50 分者为正常，50～60 分者为轻度焦虑，61～70 分者为中度焦虑，70 分以上者为重度焦虑。标准分越高，症状越严重。

2. 汉密尔顿焦虑量表

汉密尔顿焦虑量表（Hamilton anxiety scale，HAMA）由 Hamilton 于 1960 年编制，为他评量表，是临床上评定焦虑状态时应用最普遍的量表，可评定焦虑症状的严重程度，是焦虑量表中最经典的量表之一，如果要发展新的焦虑量表，往往采用 HAMA 作为平行效度检验的工具。HAMA 作为他评量表，需要由经过培训的 2 名评定者采用交谈和观察的方式对受试者进行联合评定，评定结束后由 2 名评定者分别独立评分，一次评定需要 10～15 分钟。

HAMA包括躯体化和精神性焦虑2个因子，其采用0～4分的5级评分法（0分=无，1分=轻度，2分=中度，3分=重度，4分=极重度）。总分≥29分可能为严重焦虑，≥21分为肯定有明显焦虑，≥14分为肯定有焦虑，≥7分为可能有焦虑，<7分为没有焦虑。HAMA除第14条需要结合观察外，其他条目都根据受试者的口头叙述进行评分，同时特别强调受试者的主观体验，这也是HAMA编制者的医疗观点，可作为病情进展与否的标准。

3. 状态－特质焦虑问卷

状态-特质焦虑问卷（state-trait anxiety inventory，STAI）由Charles等在1970年编制，为自评量表，适用于评定综合医院患者的焦虑情绪，以及心理治疗和药物治疗的疗效。STAI可用于个人或集体测试，受试者根据自己的体验和感受，进行自我评定或自我报告。

STAI包含40个条目，分为2个分量表：①状态焦虑量表（简称S-AI），包括第1～20条。状态焦虑通常为一种短暂性的不愉快的情绪体验，如紧张、恐惧、忧虑及神经质，伴有自主神经系统的功能亢进。②特质焦虑量表（简称T-AI），包括第21～40条。特质焦虑相对稳定，是一种人格特质且具有个体差异的焦虑倾向。STAI采用1～4分的4级评分法（状态焦虑：1分=完全没有，2分=有些，3分=中等程度，4分=非常明显；特质焦虑：1分=几乎没有，2分=

有些，3 分＝经常，4 分＝几乎总是如此）。S-AI 和 T-AI 通常分开进行累加求和，分数范围为 20～80 分，一般分数越高，预示个体的状态焦虑或特质焦虑程度越高。S-AI 的重测信度为 0.88，T-AI 的重测信度为 0.90；S-AI 与 T-AI 的初测相关系数为 0.84，复测相关系数为 0.77。STAI 具有良好的信效度。

二、抑郁量表

1．抑郁自评量表

抑郁自评量表（self-rating depression scale，SDS）（附表 2）由 Zung 于 1971 年编制，为自评量表，主要适用于具有抑郁症状的成年人，不仅可以诊断其是否有抑郁症状，还可判定抑郁程度的轻重。SDS 使用简便，使用者也不需要经过特殊训练，目前多用于门诊患者的粗筛、情绪状态评定及科研调查等。SDS 的评定时间跨度为近 1 周，具有较好的信效度。

SDS 包含 20 个条目，采用 1～4 分的 4 级评分法（1 分表示“偶 / 无”，2 分表示“有时”，3 分表示“经常”，4 分表示“持续”）。20 个条目中有 10 条是用负性词陈述的，正向计分；其余 10 条（2、5、6、11、12、14、16、17、18、20）是用正性词陈述的，反向计分。20 个条目的得分相加得到总分，总分乘以 1.25 取整数，即得标准分。标准分低于 50 分者为正常，50～60 分者为轻度抑郁，61～70 分者为中度抑郁，

70 分以上者为重度抑郁。标准分越高，症状越严重。

2. 汉密顿抑郁量表

汉密顿抑郁量表（Hamilton depression scale，HAMD）由 Hamilton 于 1960 年编制，为他评量表，主要通过对话和观察的方式，在临床上评定抑郁患者的抑郁状态或水平，是抑郁量表中最经典的量表之一。HAMD 作为他评量表，需要由经过培训的 2 名评定者采用交谈和观察的方式对患者进行联合评定，评定结束后由 2 名评定者分别独立评分，一次评定需 15～20 分钟。

HAMD 大部分的评分条目采用 0～4 分的 5 级评分法（0 分＝无，1 分＝轻度，2 分＝中度，3 分＝重度，4 分＝极重度）；少数使用 0～2 分的 3 级评分法（0 分＝无，1 分＝轻度至中度，2 分＝重度）。HAMD 的总分是所有条目得分的总和。在 24 项版本中，总分≥35 分表明可能为严重抑郁，总分≥20 分表明可能是轻度或中度抑郁，总分<8 分表明可能没有抑郁。

3. Beck 抑郁量表

Beck 抑郁量表（Beck depression inventory，BDI）由 Beck 于 1967 年编制，适用于 13 岁以上的人群。BDI 的选项主要包含抑郁的症状，如绝望、敏感及疲劳感、体重减轻、性欲减退等。国内的研究表明，BDI 的内部一致性系数为 0.86，重测稳定系数为 0.7～0.8，信效度良好。

BDI 包含 21 个条目，对应 21 个抑郁症状 - 态度类别（心情、悲观感、失败感、对事物的满意度、自己是否有内疚感、惩罚感、对自己是否存在失望感、是否会自责、是否有自杀意向、是否变得容易哭泣、是否易激惹或生气、对他人的兴趣或是否表现出社会退缩、是否犹豫不决、是否有对自我体象的歪曲、活动是否受到抑制、睡眠是否存在障碍、是否容易疲劳、食欲是否存在明显改变、体重是否出现减轻、有关躯体疾病的关注、性欲改变）。每个类别的描述采用 0～3 分的 4 级评分法（0 分代表“无”，3 分代表“严重”），总分范围为 0～63 分。总分越高，表示受试者的抑郁症状越严重。

三、恐惧量表

1. 交流恐惧自陈量表

交流恐惧自陈量表（personal report of communication apprehesion，PRCA-24）（附表 3）由 McCroskey 于 1978 年编制（最新版本），为自评量表。PRCA-24 含有 4 个分量表，每个分量表各有 6 个条目，分别用于测量在小组讨论、两人交谈、参加会议及当众演讲这些场合下的交往恐惧程度。PRCA-24 各分量表的分数之间具有较高的相关性，总分的 α

系数超过 0.90，分量表的 α 系数超过 0.75，具有较高的表面效度和经验效度。

PRCA-24 采用 1～5 分的 5 级评分法来评定（1 分＝非常同意，2 分＝同意，3 分＝不确定，4 分＝不同意，5 分＝非常不同意）。各分量表的分数范围为 6～30 分，总分范围为 24～120 分。PRCA-24 总分＜52 分为低度交流恐惧，＞79 分为高度交流恐惧。

2. 正面评价恐惧量表

正面评价恐惧量表（fear of positive evaluation scale，FPES）由 Weeks 等于 2008 年通过理性思维编制，用于评估 FPE 的概念和结构。所有条目都用于描述获得积极评价的相关社交情景，且吸收了社会等级动力学的思想。FPES 具有较好的相容效度和区分效度。

FPES 包含 10 个条目，采用 0（一点也不符合）～9（非常符合）分的 10 级评分法，其中第 5 条、第 10 条采用反向计分，目的是减少认同型作答反应偏向，其分数不计入总分。总分越高，表示越害怕他人的正面评价。

3. 简明负面评价恐惧量表

简明负面评价恐惧量表（brief fear of negative evaluation scale，BFNES）是由 Leary 在负面评价恐惧量表的基础上进行改进并确立的，对之前的负面评价恐惧量表进行了有效的弥补。与之前的负面评价恐惧量表相比较，BFNES 的敏感性更高，更加简洁，一般得分较高的个体对他人的负面评价的关注度较高，主要适用于大学生群体或供临床研究使用，成为在社交焦虑领域广为应用的测量工具，具有良好的信效度。

BFNES 共有 12 个条目，其中有 11 条来自负面评价恐惧量表。BFNES 采用 5 级评分法，将选项从“一点都不符合”到“非常符合”记为 1～5 分，12 个条目中有 4 条采用反向计分，8 条采用正向计分。

4. 错失恐惧量表

错失恐惧量表（fear of missing out scale，FMOS）由 Przybylski 等于 2013 年编制。国内研究者谢笑春等对该量表进行了翻译，并将其用于国内大学生群体和青少年群体的研究，其译制的中文版的内部一致性系数为 0.76，具有较好的信度。

FMOS 是单一维度量表，包含 10 个条目，采用 1～5 分的 5 级评分法，其中“1 分”代表“完全不符合”，“5 分”代表“完全符合”。总分越高，错失恐惧程度越高。

四、睡眠质量量表

1. 匹兹堡睡眠质量指数量表

匹兹堡睡眠质量指数量表（Pittsburgh sleep quality index，

PSQI）（附表 4）是由美国匹兹堡大学精神科医生 Buysse 等于 1989 年编制的，既可评价睡眠障碍患者、精神障碍患者的睡眠质量，也可评价普通人群的睡眠质量。刘贤臣等将其译成中文，并进行了信效度的检验。结果显示，该量表的内部一致性系数为 0.84，分半信度为 0.87，重测信度为 0.81（2 周），该量表的中文版具有良好的信效度。

PSQI 由 9 个条目组成，其中第 5 条包含 10 个小条目。将所有条目分成 A～G 7 个维度，每个维度采用 0～3 分的 4 级评分法。总分由各成分评分累计得出，范围为 0～21 分。总分越高，表示睡眠质量越差。该量表（中文版）的 7 个维度为睡眠质量、入睡时间、睡眠时间、睡眠效率、睡眠障碍、催眠药物和日间功能障碍。

2. 睡眠状况自评量表

睡眠状况自评量表（self-rating scale of sleep，SRSS）由李建明于 2012 年编制，为自评量表，主要用于睡眠障碍患者治疗前后的评定。该量表的信度 r=0.641 8，效度 r=0.562 5。

SRSS 包含 10 个条目，每个条目都采用 5 级评分法，即 1～5 分。该量表的最低总分为 10 分（表示基本没有睡眠问题），最高总分为 50 分（表示睡眠问题最严重）。总分越高，说明睡眠障碍越严重。

3. Athens 失眠量表

Athens 失眠量表（Athens insomnia scale，AIS）由 Dan-Sedmark 于 1985 年编制，可用于自评，结果十分精确，适用于各个年龄段的失眠患者。该量表简便、易懂、易操作。AIS 在医学界一直被认为是评价失眠的标准量表，也是评价失眠最客观的量表，患有睡眠障碍的患者经常使用 AIS 对自己近 1 个月的睡眠状况进行自我评测。

AIS 共包含 8 个大条目，如入睡的时间情况、夜间觉醒的情况、实际于期望早醒的情况、睡眠总时间的情况、日间情绪状态等。自我评价完成后，每个不同的评价条目下有分数选项，不同的分数代表轻重不同的症状。将各条分数相加即可获得受试者睡眠情况的总分，总分＞6 分则认为患者有失眠，总分为 4～6 分则认为患者为可疑失眠，总分＜4 分则认为患者没有睡眠障碍。

4. 其他

还可以采用失眠严重程度指数量表、Epworth 嗜睡量表、睡眠信念和态度问卷、清晨型与夜晚型睡眠问卷等进行评估。关于睡眠的评估也可以采用客观工具，包括多导睡眠图、多次睡眠潜伏期试验、体动记录仪等。

五、疲劳量表

疲劳的概念很难定义，它是一种主观体验，故评估的难度也很大。近10余年，有关疲劳的量表和问卷逐步发展起来，有针对某一患病人群的专用疲劳量表，也有其他综合评定量表中的疲劳分量表或问卷。

1. 简明心境状态量表-疲劳分量表

简明心境状态量表（profile of mood state，POMS）是美国心理学家McNair等于1971年编制而成的一种情绪状态评定量表，由65个描述不同情绪状态的形容词组成。在应用的过程中，POMS被Grove JR等简化和发展成简式POMS，1994年引入我国后由祝蓓里修订并建立中国常模标准，是评估情绪状态的一种良好工具。中国简式POMS的信度为0.62～0.82，有较高的信效度。

简式POMS共有40个条目，包含紧张、愤怒、疲劳、抑郁、精力、慌乱和自尊感7个情绪分量表。疲劳分量表是评估疲劳的综合性工具，也是世界卫生组织（WHO）推荐的神经行为核心功能成套测验中的情绪状态测验的分量表，包含5个条目，可以单独使用。疲劳分量表采用0～4分的5级评分法（0分＝几乎没有，1分＝有一点，2分＝适中，3分＝相当多，4分＝非常多），总分范围为0～

20分。总分越高，疲劳状态越严重。

2. 疲劳量表

疲劳量表（fatigue scale-14，FS-14）由英国心理医学研究室的 Trudie Chalder 等于1992年编制，用于测定疲劳症状的严重性、评估临床疗效及在流行病学研究中筛选疲劳病例。该量表的内部一致性 Cronbach's α 系数为0.809；各条目得分与总分之间的相关系数为0.369～0.690（$P<0.01$），信效度良好。

FS-14由14个条目组成，每个条目都是一个与疲劳相关的问题。经主成分分析将14个条目分成2类，一类反映躯体疲劳（条目1～8），另一类反映脑力疲劳（条目9～14）。受试者需根据该量表的内容与自身实际情况进行作答，回答“是”或“否”来计0分或1分。疲劳总分为躯体疲劳与脑力疲劳之和，躯体疲劳的得分为0～8分，脑力疲劳的得分为0～6分，总分为0～14分。总分越高，反映疲劳越严重。

3. 疲劳评定量表

疲劳评定量表（fatigue assessment instrument，FAI）由美国精神行为科学研究室的 Josopn E. Schwartz 及神经学研究室的 Lina Jandorf 等于1993年编制。经因子分析，FAI主要包含4个因子，即疲劳严重程度（用于定量测定疲劳的程度）、疲劳的环境特异性［用于测定疲劳对特异性环境（寒、热、精神紧张等）的敏感性，以及评价该疲劳是否具有情境的特异性］、疲劳的结果（用于测定疲劳可能导致的心理后果，如缺乏耐心、欲望降低、不能集中注意力等）和疲劳对休息、睡眠的反应（用于测定疲劳是否对休息或睡眠有反应）。

该量表包含29条与疲劳有关的描述，每条描述从“完全不同意”至“完全同意”，采用1～7分的7级评分法，受试者可依据自己近2周的情况进行选择。4个因子均通过其所含条目得分的简单相加，然后取其算术平均值，便可得出4个分值。根据疲劳严重程度（因子1）的得分，可将受试者疲劳程度分为4个等级，即无疲劳（因子1<4分）、轻度疲劳（4分≤因子1<5分）、中度疲劳（5分≤因子1<6分）和重度疲劳（因子1≥6分）。

4. 多维疲劳量表

多维疲劳量表（multidimensional fatigue inventory，MFI-20）（附表5）由阿姆斯特丹大学医学院医学心理学研究室的Smets等于1995年编制，不仅可以对受试者进行全方面疲劳的评定，而且也可以根据需要将其中的某个维度单独抽出来进行评定。该量表简单、易懂，适用人群广泛，对总体疲劳的评定更有意义。该量表的每个条目与所属维度得分的相关系数均>0.50（P<0.05），整个量表的

Cronbach's α 系数为 0.837。

MFI-20 共有 20 个条目，用于评定总体疲劳、躯体疲劳、精神疲劳、活动减少和动机减少 5 个维度，每个维度各有 4 个条目。采用 1～5 分的 5 级评分法，从小到大分别表示“完全不符合”“有点符合”“介于中间”“比较符合”“完全符合”。条目 2、5、9、10、13、14、16、17、18、19 是疲劳的表述，采用正向计分。条目 1、3、4、6、7、8、11、12、15、20 是非疲劳的表述，采用反向计分。总体疲劳包括条目 1、5、12、16，是对身体和精神状态的综合描述；躯体疲劳包括条目 2、8、14、20，是身体状态的一种体验描述；精神疲劳包括条目 7、11、13、19，是对脑力活动时精神变化的描述；活动减少包括条目 3、6、10、17，是对日常生活中活动量的多少或活力的变化进行考察；动机减少包括条目 4、9、15、18，是由人做事动机变化的条目组成。总分范围为 20～100 分。总分越高，说明疲劳程度越高。

5. 疲劳自评量表

疲劳自评量表（fatigue self-assessment scale，FSAS）由王天芳等于 2009 年在全面回顾国内外有关疲劳文献及近 10 年有关疲劳和疲劳症状规范化研究工作的基础上结合中国语言习惯及人文特点编制而成，可用于评定有疲劳表现的亚健康人群与各种疾病人群的疲劳类型、程度（包括躯体疲劳、精神疲劳和疲劳后果3个因子)、特征(包括疲劳对睡眠/休息的反应、疲劳的情境性与疲劳的时间模式3个因子)及干预效果。该量表各因子的Cronbach's α系数为0.772～0.908，其中反映疲劳类型及程度部分的近似误差的均方根(RMSEA)＝0.065、非范拟合指数(NNFI)＝0.95、比较拟合指数(CFI)＝0.96；反映疲劳特征部分的RMSEA＝0.10、NNFI＝0.93、CFI＝0.96，具有良好的区分度、信度及结构效度。

该量表包含23个条目，可分为6个维度，反映疲劳的不同类型或特征。在评定时，每个维度可被单独应用。该量表中，条目1～22的评定分为5级，即0～4分。条目23根据条目22的选择作答。在具体评定时，需将每个因子的原始分换算成标准分，其分值范围均为0～100分。评分越高，表示疲劳的程度越重、特征越明显。

六、强迫症状量表

强迫症是以强迫思维和强迫行为核心临床表现的常见精神障碍，患者因闯入性思维、表象和冲动而感到焦虑、痛苦，为缓解痛苦做出反复的行为或心理活动。临床和科研迫切需要强迫症状的诊断和评估工具，辅助临床医生和研究人员了解患者症状、判断严重程度。强迫症状自评工具对患者了解强迫症状也有重要意义。

1. 耶鲁 - 布朗强迫症状量表

耶鲁 - 布朗强迫症状量表（Yale-Brown obsessive compulsive scale，Y-BOCS）（附表 6）是由美国的 Goodman 等于 1989 年根据《精神障碍诊断与统计手册》（第Ⅲ-R 版）（DSM-Ⅲ-R）制定的，可专门测定强迫症状的严重程度，是临床评定强迫症状的主要量表之一。Goodman 等发现，该量表进行评估时所获得的内部一致性信度为 0.89。徐勇等对该量表中文版的信度与效度进行研究，结果显示，该量表的内部一致性系数为 0.75，且不同评定者间总分及条目的相关系数均在 0.82 以上，2 周后重测发现 2 次评分之间也存在显著性相关（$r>0.40$）。该量表被翻译成多种语言版本，对强迫症状的评定具有较好的信度和效度，并且不受强迫症患者症状类型的影响，多用于临床诊断和疗效追踪。

该量表共有 10 个条目，用于反映受试者的强迫思维和强迫行为，条目 1～5 反映强迫思维，条目 6～10 反映强迫行为。每一个条目均采用 0～4 分的 5 级评分法，总分范围为 0～40 分。其中，总分 0～7 分为无强迫思维和行为，8～15 分为轻度强迫思维和行为，16～23 分为中度强迫思维和行为，24～31 分为重度强迫思维和行为，32～40 分为极严重强迫思维和行为。

2. 帕多瓦量表

帕多瓦量表（Padua inventory，PI）是由 Sanavio 于 1988 年编制的自评量表，用于强迫症状的自评。该量表能够很好地区分正常人群和强迫症患者。PI 的内部一致性系数很高，全量表和各因素的 Cronbach's α 系数均>0.80；重测信度分别为 0.77、0.87、0.85、0.84；各因素间的相关系数为 0.39～0.64（$P<0.05$）。PI 先后在意大利、澳大利亚、英国、美国、加拿大、荷兰、爱尔兰等国家进行了修订，也显示了很好的信度和效度。

PI 共包含 60 个条目。钟杰等修订后的中文版保留了 48 个条目和 4 个因素（即思维失控感与怀疑感、受驱使感与行为失控感、污染、检查）。

该量表使用 0～4 分的 5 级评分法（0 分＝没有，4 分＝极重），说明强迫症状对受试者生活和工作的干扰程度。

3. 强迫信念量表（中文版）

强迫信念量表（obsessive belief questionnaire-44，OBQ-44）（中文版）由强迫认知工作组（Obsessive Compulsive Cognition Working Group，OCCWG）编制，用于测试个体所具有的强迫信念。OBQ-44（中文版）的 Cronbach's α 系数为 0.975。

OBQ-44（中文版）共有 44 个条目，由 3 个因子组成：

①责任感和威胁评估；②完美主义和无法容忍不确定性；③思维的重要性和控制思维。采用7级评分：1分=非常不同意，2分=中等不同意，3分=稍微不同意，4分=中立，5分=稍微同意，6分=中等同意，7分=非常同意。该量表总分越高，说明个体具有越多的强迫信念。

4. 强迫量表修订版

强迫量表修订版（obsessive compulsive inventory-revised，OCI-R）是Foe等于2002年在强迫量表（OCI）的基础上修订的，用于自评强迫症状。何庆欢等将强迫量表修订版在中国大学生群体中进行了信效度检验，发现中文版OCI-R的Cronbach α系数为0.84，重测信度为0.96，具有良好的信效度。

OCI-R共包含18个条目，6个分量表，分别为清洗（条目5、11、17）、强迫观念（条目6、12、18）、囤积（条目1、7、13）、排序（条目3、9、15）、检查（条目2、8、14）、精神中和（条目4、10、16），可以很好地区分不同强迫症状的特点。每个条目采用0～4分的5级评分法（0分=一点也不痛苦或困扰，1分=有一点痛苦或困扰，2分=中等痛苦或困扰，3分=很痛苦或困扰，4分=极度痛苦或困扰），总分范围为0～72分。OCI-R总分≥21分表明具有强迫症状。总分越高，表明强迫症状越严重。

七、躯体化症状量表

躯体化症状是将心理上的不适通过身体上的不适来表达的症状，这类身体不适是不能用病理原因来解释的，但绝大多数患者都把它看作是一种身体疾病，并寻求药物治疗。躯体化症状评估工具可辅助临床医生和研究人员了解患者的症状，且对患者了解自身健康情况也有重要意义。

1. 躯体化症状自评量表

躯体化症状自评量表（somatic self-rating scale，SSS）由毛家亮编制，是筛查和诊断躯体化症状比较可靠的工具之一。该量表的Cronbach's α系数为0.874 7，具有较高的信效度。

SSS共有20个条目，分为躯体化症状（S因子）、焦虑症状（A因子）、抑郁症状（D因子）、焦虑抑郁症状（AD因子）4个因子。该量表为采用1～4分的4级评分法（1分＝无，表示“不存在”；2分＝轻度，表示“偶尔有几天存在或尚能忍受”；3分＝中度，表示“一半天数存在或希望缓解”；4分＝重度，表示“几乎每天存在或较难忍受”）。20个条目所得总分为粗分，粗分＞36分为阳性，≤36分为阴性。

2. 患者健康问卷－躯体化症状群量表

患者健康问卷-躯体化症状群量表（patient healthy questionnaire-15，PHQ-15）是 Spitzer 等编制的患者健康问卷（patient health questionnaire，PHQ）中的 1 个分量表。Kroenke 等的研究显示，PHQ-15 具有良好的信效度，适用于筛查躯体化症状和评估躯体化症状的严重程度。PHQ-15 已被翻译成韩语、西班牙语等多个语言版本，广泛应用于临床及科研中。

PHQ-15 共有 15 个条目，根据症状程度进行 0～2 分的 3 级评分（0 分＝完全无影响，1 分＝有一点影响，2 分＝影响比较大）。总分取各个条目得分之和，范围为 0～30 分。其中，总分 0～4 分为无躯体症状，5～9 分为轻度躯体症状，10～14 分为中度躯体症状，≥15 分为重度躯体症状。

3. 躯体形式症状筛查量表

躯体形式症状筛查量表（screening for somatoform symptoms-7，SOMS-7）（附表 7）由 Rief W 等于 2003 年编制，模仿躯体形式障碍的诊断标准设计各条目，是具有良好信效度的躯体形式症状自评量表，评估近 1 周内的躯体症状情况，可用于筛查、评估症状的严重程度及疗效。谢韫诗等于 2012 年对其进行中文版修订。SOMS-7 中文版全量表的 Cronbach's α 系数为 0.944，重测系数（*r*）为 0.823

（$P<0.01$），阳性条目数及总分与症状自评量表（SCL-90）躯体化分量表得分呈高度正相关。

SOMS-7 共有 56 个条目，包括胃肠道、疼痛、皮肤、神经、呼吸、循环、泌尿生殖等多个生理系统的躯体症状。每个条目均采用 5 级评分法（0～4 分）：0、1、2、3、4 分别表示无、轻度、中度、重度、极重。该量表包含 2 个变量：①躯体化症状数，即躯体症状的数目；②躯体化严重程度。总分越高，表明躯体化症状程度越严重。

八、综合量表

1. 症状自评量表

症状自评量表（symptom check-list 90，SCL-90）（附表 8）由 LR. Derogatis 于 1975 年编制。在国内，SCL-90 已应用于临床研究，特别是精神卫生领域。近年来，SCL-90 常用于筛查大学生的心理问题。

该量表共有 90 个条目，每一个条目均采用 5 级评分法，应用 10 个因子分别反映 10 个方面的心理情况，即躯体化、强迫症、人际关系敏感、抑郁、焦虑、敌对、恐怖、偏执、精神病性、其他（饮食睡眠）。SCL-90 一般采取 0～4 分的 5 级评分法，总分＞70 分表示测试者可能存在着某种心理障碍。并且，任一因子分超过 1 分被视为阳性，说明可能存在该因子所代表的心理障碍。

2. 医院焦虑抑郁量表

医院焦虑抑郁量表（hospital anxiety and depression scale，HAD）由 Zigmond 和 Snaith 于 1983 年编制，适用于焦虑、抑郁的筛查。该量表简明且容易使用。之后，Main 在 HAD 的基础上推出了“沮丧和风险评估方法”，尤其适用于评估慢性腰背痛患者。

HAD 包含 14 个条目，其中 7 个条目评定焦虑，7 个条目评定抑郁，以 9 分作为焦虑或抑郁的临界值。

（卓玉郎　张梦洁　李　晏）

参 考 文 献

［1］ 中华人民共和国国务院．突发公共事件应急条例．2003-05-09.

［2］ 世界卫生大会．国际卫生条例．2005-05-23.

［3］ 吴文源，张明园．社会精神医学．北京：人民卫生出版社，2011.

［4］ 肖水源，黄悦勤．全球精神健康．北京：人民卫生出版社，2016.

［5］ 国家卫生健康委员会．关于加强新型冠状病毒感染的肺炎疫情社区防控工作的通知．（2020-01-25）［2020-03-26］．http://www.gov.cn/xinwen/2020-01/26/content_5472235.htm.

［6］ CCOHS. Canadian Centre for Occupational Health & Safety. [2020-03-20]. https://www.ccohs.ca/oshanswers/psychosocial/stress.html.

［7］ Ursano RJ, Fullerton CS, Weisaeth L, 等．灾难精神病学．周东风，王晓慧，译．北京：人民军医出版社，2010.

［8］ Lee AM, Wong JGWS, McAlonan GM, et al. Stress and psychological distress among SARS survivors 1 year after the outbreak. The Canadian Journal of Psychiatry, 2007, 52 (4): 233-240.

［9］ Chen CS, Wu HY, Yang P, et al. Psychological distress of nurses in Taiwan who worked during the outbreak of SARS. Psychiatric Services, 2005, 56 (1): 76-79.

［10］ 张明园．精神科评定量表手册．长沙：湖南科学技术出版社，1993.

［11］ 中华医学会神经病学分会，中华医学会神经病学分会睡眠障碍学组．中国成人失眠诊断与治疗指南（2017 版）．中华神经科杂志，2018，51（5）：324-335.

［12］ 陆林．沈渔邨精神病学．6 版．北京：人民卫生出版社，2018.

［13］ 郭思媛，马捷，韩晨霞，等．心理疲劳的研究进展．现代生物医学进

展，2016，16（5）：993-997.

［14］ Cutsem JV, Marcora S, Da Pauw K, et al. The effects of mental fatigue on physical performance: a systematic review. Sports Med, 2017, 47 (8): 1569-1588.

［15］ 张力为，林岭，赵福兰．运动性心理疲劳：性质、成因、诊断及控制．体育科学，2006，26（11）：49-56.

［16］ Capel SA, Sisley BL, Desertrain GS. The relationship of role conflict and role ambiguity to burnout in high school basketball coaches. Journal of Sport Psychology, 1987, 9: 106-117.

［17］ Kelley BC. A model of stress and burnout in collegiate coaches: effects of gender and time of season. Research Quarterly for Exercise and Sport, 1994, 65: 48-58.

［18］ Vealey RS, Udry EM, Zimmerman V, et al. Intrapersonal and situational predictors of coaching burnout. Journal of Sport & Exercise Psychology, 1992, 14: 40-58.

［19］ 张俐，刘波．心理疲劳的研究进展．当代医学，2011，17（7）：31-32.

［20］ 王佩，许婷婷，赵青，等．强迫症临床特征对药物疗效的影响．中华精神科杂志，2018，51（5）：298-303.

［21］ 谭玲，李占江，罗佳，等．躯体症状自我筛查问卷的初步编制．中华行为医学与脑科学杂志，2019，28（5）：464-469.

［22］ 赵晓晖，魏镜，李涛，等．躯体症状障碍患者临床特征分析．中华精神科杂志，2019，52（4）：247-252.

［23］ 陆林，王高华．新型冠状病毒肺炎全民心理健康实例手册．北京：北京大学医学出版社，2020.

［24］ 全国卫生专业技术资格考试用书编写专家委员会．2018 全国卫生专业技术资格考试指导心理治疗学．北京：人民卫生出版社，2017.

［25］ 肖水源，周亮．危机干预策略．北京：中国轻工业出版社，2017.

［26］ 熊珂伟．如何看待和应对在疫情中的正常心理变化．中煤地质报，2020-02-13.

[27] 胡宪章. 强迫症认知应对治疗手册. 西安：西安交通大学出版社，2012.

[28] 王长虹. 青少年抑郁障碍的识别及治疗策略. 北方论坛，2019-12-20（21）.

[29] 陈添玉，郑书传，闫晓娜，等. 失眠认知行为疗法在失眠伴焦虑、抑郁症状病人中的应用. 循证护理，2019，5（12）：1087-1091.

[30] 张云婷，马生霞，陈畅，等. 中国儿童青少年身体活动指南. 中国循证儿科杂志，2017，12（6）：401-409.

[31] 郎朝春. 健康体适能与运动处方. 北京：北京理工大学出版社，2013.

[32] 季浏. 体育与健康. 上海：华东师范大学出版社，2001.

[33] 汪向东，王希林，马弘. 心理卫生评定量表手册（增订版）. 北京：中国心理卫生杂志社，1999.

[34] 林小琴. 评价恐惧量表修订. 心理技术与应用，2016，4（2）：110-115.

[35] Przybylski AK, Murayama K, Dehaan CR, et al. Motivational, emotional, and behavioral correlates of fear of missingout. Computers in Human Behavior, 2013, 29 (4): 1841-1848.

[36] Buysse DJ, Iii CFR, Monk TH, et al. The Pittsburgh sleep quality index: anewinstrument for psychiatric practice and research. Psychiatry Research, 1989, 28 (2): 193-213.

[37] 刘贤臣，唐茂芹，胡蕾，等. 匹兹堡睡眠质量指数的信度和效度研究. 中华精神科杂志，1996，29（2）：103-107.

[38] 李建明. 睡眠状况自评量表（SRSS）简介. 中国健康心理学杂志，2012，20（12）：1851.

[39] Soldatos CR, Dikeos DG, Paparrigopoulos TJ. Athens insomnia scale: validation of an instrument based on ICD-10 criteria. Psychosom Res, 2000, 48 (6): 555-560.

[40] Cella D, Jacobsen P, Orav E, et al. A brief POMS measure of distress for cancer patients. J Chronic Dis, 1987, 40 (10): 939-942.

[41] Shacham S, Reinhardt L, Raubertas R, et al. Emotional states and pain:

intraindividual and interindividual measures of association. J Behav Med, 1983, 6 (4): 405-419.

[42] Joseph ES, Lina J, Krupp LB. The measurement of fatigue: a new instrument. Journal of psychosomatic research, 1993, 37 (7): 753-762.

[43] Smets EMA, Garssen B, Bonke B, et al. The multidimensional fatigue inventory (MFI) sychometric qualities of an instrument to assess fatigue. J Psychosom Res, 1995, 39: 315-325.

[44] 王天芳，薛晓琳．疲劳自评量表．中华中医药杂志，2009，24（3）：348-349．

[45] Goodman WK, Price LH, Rasmussen SA, et al. The Yale-Brown obsessive compulsive scale. I. development, use and reliability. Arch Gen Psychiatry, 1989, 46: 1006-1011.

[46] Xu Y, Zhang H. The reliability and validity of the Chinese version of Yale-Brown obsessive-compulsive scale. Shanghai Archives of Psychiatry, 2006, 6 (20): 3-6.

[47] 钟杰，秦漠，蔡文菁，等．Padua量表在中国大学生人群中的修订．中国临床心理学杂志，2006，14（1）：1-4．

[48] 雷辉，王芹，王瑜萍，等．强迫信念问卷中文版的信度和效度研究．中国临床心理学杂志，2014，22（2）：264-266．

[49] Peng Z, Yang W, Miao G, et al. The Obsessive-compulsive inventory revised scale: replication and extension to non-clinical and clinical individuals with OCD symptoms. BMC Psychiatry, 2011, 11 (1): 1-6.

[50] 何庆欢，彭子文，苗国栋．强迫症症状分类量表（修订版）中文版的信效度研究．临床精神医学杂志，2012，22（1）：27-30．

[51] 庄琦，毛家亮，李春波，等．躯体化症状自评量表的初步编制及信度和效度研究．中华行为医学与脑科学杂志，2010，19（9）：847-849．

[52] 谢韫诗，王旭梅．躯体形式症状筛查量表中文版的修订．中华行为医学与脑科学杂志，2012，21（5）：468-471．

附　　录

附表 1　焦虑自评量表（SAS）

填表注意事项：下面有 20 条文字，请仔细阅读每一条，把意思弄清楚，然后根据您近 1 周的实际情况，在适当的分数下画“√”，每一条文字后有 4 级评分。

		偶 / 无	有时	经常	持续
	1．我觉得比平时容易紧张或着急	1	2	3	4
	2．我无缘无故地感到害怕	1	2	3	4
	3．我容易心里烦乱或觉得惊恐	1	2	3	4
	4．我觉得自己可能要发疯	1	2	3	4
*	5．我觉得一切都很好，也不会发生什么不幸的事情	4	3	2	1
	6．我手足发抖、打战	1	2	3	4
	7．我因为头痛、颈痛和背痛而苦恼	1	2	3	4
	8．我觉得自己易衰弱和疲乏	1	2	3	4
*	9．我觉得心平气和，并且容易安静地坐着	4	3	2	1
	10．我觉得心跳得很快	1	2	3	4
	11．我因为一阵阵头晕而苦恼	1	2	3	4
	12．我觉得要晕倒似的	1	2	3	4
*	13．我觉得很容易进行呼气、吸气	4	3	2	1
	14．我感觉手足麻木和刺痛	1	2	3	4

（待　续）

（续 表）

		偶/无	有时	经常	持续
	15. 我因为胃痛和消化不良而苦恼	1	2	3	4
	16. 我常常要小便	1	2	3	4
*	17. 我的手常常是干燥温暖的	4	3	2	1
	18. 我脸红、发热	1	2	3	4
*	19. 我容易入睡且一整夜睡得很好	4	3	2	1
	20. 我做噩梦	1	2	3	4

注：前标*者为反向计分题。正向计分题“偶/无”“有时”“经常”“持续”按1、2、3、4分计，反向计分题（*，5、9、13、17、19）按4、3、2、1分计，总分乘以1.25取整数，即得标准分。标准分为<50分者为正常，50～60分者为轻度焦虑，61～70分者为中度焦虑，70分以上者为重度焦虑

附表2 抑郁自评量表（SDS）

填表注意事项：下面有20条文字，请仔细阅读每一条，把意思弄清楚，然后根据您近1周的实际情况，在适当的分数下画“√”，每一条文字后有4级评分。

		偶/无	有时	经常	持续
	1. 我觉得闷闷不乐、情绪低落	1	2	3	4
*	2. 我觉得一日之中早晨心情最好	4	3	2	1
	3. 我一阵阵地哭泣或想哭	1	2	3	4
	4. 我晚上睡眠不好	1	2	3	4
*	5. 我吃饭和平时一样多	4	3	2	1
*	6. 我与异性密切接触时，和以往一样感到愉快	4	3	2	1
	7. 我感到体重减轻	1	2	3	4
	8. 我有便秘的苦恼	1	2	3	4
	9. 我的心跳比平时快	1	2	3	4
	10. 我无缘无故地感到疲乏	1	2	3	4
*	11. 我的头脑和平常一样清醒	4	3	2	1

（待 续）

（续 表）

		偶/无	有时	经常	持续
*	12．我做事情和平时一样，不感到困难	4	3	2	1
	13．我觉得不安，平静不下来	1	2	3	4
*	14．我对未来抱有希望	4	3	2	1
	15．我比平常容易生气、激动	1	2	3	4
*	16．我觉得做出决定是容易的	4	3	2	1
*	17．我觉得自己是个有用的人，有人需要我	4	3	2	1
*	18．我的生活过得很有意思	4	3	2	1
	19．我觉得如果我死了，他人会生活得更好些	1	2	3	4
*	20．平常感兴趣的事我仍然感兴趣	4	3	2	1

注：前标*者为反向计分题。正向计分题“偶/无”“有时”“经常”“持续”按1、2、3、4分计，反向计分题（*，2、5、6、11、12、14、16、17、18、20）按4、3、2、1分计，总分乘以1.25取整数，即得标准分。标准分＜50分者为正常；50～60分者为轻度抑郁；61～70分者为中度抑郁，70分以上者为重度抑郁

附表3　交流恐惧自陈量表（PRCA-24）

填表注意事项：本量表包含24条关于您同他人交往时感觉的条目，请按以下选择标准，根据您对这些条目的适应程度进行选择。每个条目的答案没有对与错，许多条目彼此十分相似，请根据您的第一印象，尽可能快地选择。
1分表示“非常同意”，2分表示“同意”，3分表示“不确定”，4分表示“不同意”，5分表示“非常不同意”。 1．我不喜欢参加小组讨论（　　） 2．通常在参加小组讨论时我感到自然（　　） 3．我在参加小组讨论时感到紧张不安（　　） 4．我喜欢参加小组讨论（　　） 5．与陌生人一起参加小组讨论使我紧张（　　） 6．我参加小组讨论时感到平静和放松（　　） 7．通常我在参加会议时感到紧张（　　）

（待 续）

（续　表）

8. 我在参加会议时通常感到平静和放松（　　）
9. 在会议上被要求陈述自己的观点时，我感到非常平静和放松（　　）
10. 我害怕在会议上表达我的意见（　　）
11. 在会议上的交往常使我不自然（　　）
12. 在会议上回答问题时，我感到非常放松（　　）
13. 和新认识的人谈话时，我感到非常不安（　　）
14. 在交谈中，我说话时一点儿都不害怕（　　）
15. 通常我在交谈中感到非常紧张和不安（　　）
16. 通常我在交谈中感到非常平静和放松（　　）
17. 在和新认识的人交谈时，我感到十分放松（　　）
18. 在交谈中我害怕说话（　　）
19. 我对演说一点儿也不害怕（　　）
20. 我在演说时，身体的某些部分非常紧张和僵硬（　　）
21. 我在演说时感到放松（　　）
22. 我在演说时思维变得混乱和不连贯（　　）
23. 我期望我在演说时充满信心（　　）
24. 我在演说时太紧张，以致把我确实知道的事情都忘记了（　　）

评分标准：4 个分表得分及总计算。

小组分＝18－（1）＋（2）－（3）＋（4）－（5）＋（6）

会议分＝18－（7）＋（8）＋（9）－（10）－（11）＋（12）

两人分＝18－（13）＋（14）－（15）＋（16）＋（17）－（18）

公众分＝18＋（19）－（20）＋（21）－（22）＋（23）－（24）

总恐惧分＝小组分＋会议分＋两人分＋公众分

本量表采用了 5 级评分法来评定（1 分＝非常同意，2 分＝同意，3 分＝不确定，4 分＝不同意，5 分＝非常不同意）。各分量表的分数范围为 6（低度交流恐惧）～30（高度交流恐惧）分。总分的范围则为 24～120 分。分数越高，交流恐惧的程度越高。McCroskey 在用 PRCA-24 的总分来区分交流恐惧的程度时，规定了 52 分以下为低度交流恐惧，79 分以上为高度交流恐惧。

附表 4　匹兹堡睡眠质量指数量表（PSQI）

指导语：下面是关于您近 1 个月的睡眠情况，请填写或选择最符合您实际情况的答案。				
1. 近 1 个月，您每晚睡觉通常是 ______ 点钟。				
2. 近 1 个月，您每晚入睡通常需要 ______ 分钟。				
3. 近 1 个月，您通常早上 ______ 点钟起床。				
4. 近 1 个月，您每晚通常实际睡眠 ______ 小时？（不等于卧床时间）				
5. 近 1 个月，您因下列情况影响睡眠而烦恼：				
a. 入睡困难（30 分钟内不能入睡）	①没有	②<1 次 / 周	③ 1～2 次 / 周	④≥3 次 / 周
b. 夜间易醒或早醒	①没有	②<1 次 / 周	③ 1～2 次 / 周	④≥3 次 / 周
c. 夜间去厕所	①没有	②<1 次 / 周	③ 1～2 次 / 周	④≥3 次 / 周
d. 呼吸不畅	①没有	②<1 次 / 周	③ 1～2 次 / 周	④≥3 次 / 周
e. 咳嗽或鼾声高	①没有	②<1 次 / 周	③ 1～2 次 / 周	④≥3 次 / 周
f. 感觉冷	①没有	②<1 次 / 周	③ 1～2 次 / 周	④≥3 次 / 周
g. 感觉热	①没有	②<1 次 / 周	③ 1～2 次 / 周	④≥3 次 / 周
h. 做噩梦	①没有	②<1 次 / 周	③ 1～2 次 / 周	④≥3 次 / 周
i. 疼痛不适	①没有	②<1 次 / 周	③ 1～2 次 / 周	④≥3 次 / 周
j. 其他影响睡眠的事情	①没有	②<1 次 / 周	③ 1～2 次 / 周	④≥3 次 / 周
如果有，请说明 __________				
6. 近 1 个月，总体来说，您认为自己的睡眠 ___ ？	①很好	②较好	③较差	④很差
7. 近 1 个月，您用药物催眠的情况 ___ ？	①没有	②<1 次 / 周	③ 1～2 次 / 周	④≥3 次 / 周

（待　续）

（续　表）

8. 近1个月，您常感到困倦___？	①没有	②<1次/周	③1～2次/周	④≥3次/周
9. 近1个月，您做事情精力不足___？	①没有	②偶尔有	③有时有	④经常有

注：A. 睡眠质量。根据条目6的选项，“很好”计0分，“较好”计1分，“较差”计2分，“很差”计3分。B. 入睡时间。①条目2为“≤15分钟”计0分，“16～30分钟”计1分，“31～60分钟”计2分，“≥60分钟”计3分。②条目5a为“没有”计0分，“<1周/次”计1分，“1～2周/次”计2分，“≥3周/次”计3分。③累加条目2和5a的计分，若累加分为“0分”计0分，累加分为“1～2分”计1分，累加分为“3～4分”计2分，累加分为“5～6分”计3分。C. 睡眠时间。条目4为“>7小时”计0分，“6～7小时”计1分，“5～6小时”计2分，“<5小时”计3分。D. 睡眠效率。①床上时间=条目3(起床时间)—条目1(上床时间)。②睡眠效率=条目4(睡眠时间)/床上时间 ×100%。③睡眠效率为“>85%”计0分，“75%～84%”计1分，“65%～74%”计2分，“<65%”计3分。E. 睡眠障碍。根据条目5b～5j，选项为“没有”计0分，“<1周/次”计1分，“1～2周/次”计2分，“≥3周/次”计3分。累加条目5b～5j的计分，若累加分为“0分”则成分E计0分，累加分为“1～9分”计1分，累加分为“10～18分”计2分，累加分为“19～27分”计3分。F. 催眠药物。条目7为“没有”计0分，“<1周/次”计1分，“1～2周/次”计2分，“≥3周/次”计3分。G. 日间功能障碍。①条目8为“没有”计0分，“<1周/次”计1分，“1～2周/次”计2分，“≥3周/次”计3分。②条目9为“没有”计0分，“偶尔有”计1分，“有时有”计2分，“经常有”计3分。③累加条目8和9的得分，若累加分为“0分”则成分G计0分，累加分为“1～2分”计1分，累加分为“3～4分”计2分，累加分为“5～6分”计3分。PSQI总分=成分A+成分B+成分C+成分D+成分E+成分F+成分G。总分范围为0～21分，总分越高，表示睡眠质量越差

附表 5　多维疲劳量表（MFI-20）

填表注意事项：下面有 20 条文字，请仔细阅读每一条，把意思弄清楚，然后根据您最近的实际情况，在适当的分数下画“√”，每一条文字后有 5 级评分。						
项目		完全不符合	有点符合	介于中间	比较符合	完全符合
*	1. 我精神很好	5	4	3	2	1
	2. 我感觉我的体力使我只能做少量工作	1	2	3	4	5
*	3. 我感觉自己精力充沛	5	4	3	2	1
*	4. 我想要做自己喜欢做的事情	5	4	3	2	1
	5. 我觉得很累	1	2	3	4	5
*	6. 我认为一日中我做了很多事	5	4	3	2	1
*	7. 我在做事时能够集中注意力	5	4	3	2	1
*	8. 根据我的身体状况，我能承担很多工作	5	4	3	2	1
	9. 我害怕必须做事	1	2	3	4	5
	10. 我认为我一日中做的事情太少了	1	2	3	4	5
*	11. 我能够很好地集中注意力	5	4	3	2	1
*	12. 我休息得很好	5	4	3	2	1
	13. 我集中注意力很费劲	1	2	3	4	5
	14. 我觉得自己的身体状况不好	1	2	3	4	5
*	15. 我有很多想做的事情	5	4	3	2	1
	16. 我容易疲倦	1	2	3	4	5
	17. 我做的事情很少	1	2	3	4	5
	18. 我不想做任何事情	1	2	3	4	5

（待　续）

（续　表）

	项目	完全不符合	有点符合	介于中间	比较符合	完全符合
	19. 我很容易“走神”	1	2	3	4	5
*	20. 我感觉我的身体状况非常好	5	4	3	2	1

注：前标 * 者为反向计分题。正向计分题“完全不符合”“有点符合”“介于中间”“比较符合”“完全符合”按 1、2、3、4、5 分计，反向计分题（*，1、3、4、6、7、8、11、12、15、20）按 5、4、3、2、1 分计。分数越高，表示疲劳程度越高

附表 6　耶鲁 - 布朗强迫症状量表（Y-BOCS）

填表注意事项：1～5 题是强迫思维，6～10 题是强迫行为，请选择符合您情况的选项。①～⑤分别计 0～4 分。
1. 一日之中，强迫思维占据您多少时间？ ① 0 小时（回答此项，则第 2、3、4、5 题也会选 0，所以请直接回答第 6 题）；② 0～1 小时；③ 1～3 小时；④ 3～8 小时；⑤ 8 小时以上 2. 强迫思维对您日常生活或工作的影响程度？ ①没有影响；②轻微影响；③重度影响；④严重影响；⑤完全无法工作 / 从事日常工作 3. 强迫思维发生时，对您造成多大的困扰？ ①没有困扰；②轻微；③中度；④严重；⑤非常严重，一直持续 4. 强迫思维发生时，您会花多少精力去抗拒它？ ①尽全力抗拒；②抗拒大部分强迫意念；③抗拒部分强迫意念；④会屈服，但不甘愿；⑤心甘情愿不抗拒 5. 您可以控制您的强迫思维吗？ ①完全可以；②大部分可以；③通常可以；④很难控制；⑤无法控制 6. 一日之中，强迫行为占据您多少时间？ ① 0 小时（回答此项，则第 7、8、9、10 题也会选 0）；② 0～1 小时；③ 1～3 小时；④ 3～8 小时；⑤ 8 小时以上

（待　续）

（续　表）

7. 强迫行为对您日常生活或工作的影响程度？ ①没有影响；②轻微影响；③重度影响；④严重影响；⑤完全无法工作 / 从事日常工作 8. 强迫行为发生时，对您造成多大的困扰？ ①没有困扰；②轻微；③中度；④严重；⑤非常严重，一直持续着 9. 强迫行为发生时，您会花多少精力去抗拒它？ ①尽全力抗拒；②抗拒大部分强迫意念；③抗拒部分强迫意念；④会屈服，但不甘愿；⑤心甘情愿不抗拒 10. 你可以控制你的强迫行为吗？ ①完全可以；②大部分可以；③通常可以；④很难控制；⑤无法控制

注：总分范围为 0～40 分，总分 0～7 分为无强迫思维和行为，8～15 分为轻度强迫思维和行为，16～23 分为中度强迫思维和行为，24～31 分为重度强迫思维和行为，32～40 分为极严重强迫思维和行为

附表 7　躯体形式症状筛查量表（SOMS-7）

填表注意事项：下面有 56 条文字，请仔细阅读每一条，然后根据您最近的实际情况，在适当的分数下画“√”。

项目	无	轻度	中度	重度	极重
1. 头痛	0	1	2	3	4
2. 腹痛或胃痛	0	1	2	3	4
3. 背痛	0	1	2	3	4
4. 关节痛	0	1	2	3	4
5. 手或足痛	0	1	2	3	4
6. 胸痛	0	1	2	3	4
7. 肛门痛	0	1	2	3	4
8. 性交时痛	0	1	2	3	4
9. 小便时痛	0	1	2	3	4

（待　续）

（续　表）

项目	无	轻度	中度	重度	极重
10．恶心	0	1	2	3	4
11．饱胀感	0	1	2	3	4
12．腹部不适或胃内搅动感	0	1	2	3	4
13．呕吐	0	1	2	3	4
14．食物反流或反酸	0	1	2	3	4
15．打嗝、吞气感或胸部或胃部灼烧感	0	1	2	3	4
16．对几种食物过敏	0	1	2	3	4
17．没有胃口	0	1	2	3	4
18．口苦或舌苔很厚	0	1	2	3	4
19．口干	0	1	2	3	4
20．频繁大便或腹泻	0	1	2	3	4
21．小便或大便失禁	0	1	2	3	4
22．尿频	0	1	2	3	4
23．经常便秘	0	1	2	3	4
24．心慌或心“怦怦”跳	0	1	2	3	4
25．胸闷或心脏周围不适	0	1	2	3	4
26．发热或发冷而出汗	0	1	2	3	4
27．脸发热、发红	0	1	2	3	4
28．气短（用力时除外）	0	1	2	3	4
29．呼吸困难或过度换气	0	1	2	3	4
30．全身乏力或易疲劳	0	1	2	3	4
31．色衰或肤色改变	0	1	2	3	4
32．性冷淡	0	1	2	3	4
33．生殖器及周围不适	0	1	2	3	4

（待　续）

（续　表）

项目	无	轻度	中度	重度	极重
34. 协调性、平衡性不好	0	1	2	3	4
35. 全身或周围瘫痪	0	1	2	3	4
36. 吞咽困难或咽喉部梗塞感	0	1	2	3	4
37. 声音嘶哑或失声	0	1	2	3	4
38. 有尿排不出	0	1	2	3	4
39. 幻觉	0	1	2	3	4
40. 触觉或痛觉丧失	0	1	2	3	4
41. 皮肤感觉异常（麻木、刺痛、瘙痒等）	0	1	2	3	4
42. 视物双影或重影	0	1	2	3	4
43. 失明	0	1	2	3	4
44. 耳鸣或耳聋	0	1	2	3	4
45. 抽搐或癫痫样发作	0	1	2	3	4
46. 健忘或失忆	0	1	2	3	4
47. 头脑迷糊或意识丧失	0	1	2	3	4
48. 味觉或嗅觉丧失	0	1	2	3	4
49. 紧束感、沉重感、肿胀或膨胀感	0	1	2	3	4
50. 肢体僵硬或强直	0	1	2	3	4
阳性项目数	总分				
男性：	0	1	2	3	4
51. 阳痿或早泄	0	1	2	3	4
女性：	0	1	2	3	4
52. 痛经	0	1	2	3	4
53. 月经不规律	0	1	2	3	4
54. 月经过多	0	1	2	3	4
55. 妊娠过程中频繁呕吐	0	1	2	3	4
56. 阴道分泌物异常或量多	0	1	2	3	4

注：按 0～4 分计分。总分越高，表明躯体化症状程度越重

附表 8　症状自评量表（SCL-90）

填表注意事项：以下列出了有些人可能会有的问题，请仔细阅读每一条，独立地、不受任何人影响地自我评定，每次评定一般在 20 分钟内完成。一般根据最近 1 周内下述情况影响您的实际感觉，在测试题的 5 个选项中选择适合您的选项，将序号填在每题的括号里。请注意不要漏题。
5 个选项：没有（0 分）；很轻（1 分）；中等（2 分）；偏重（3 分）；严重（4 分）
1．头痛（　　）
2．严重神经过敏，心神不定（　　）
3．头脑中有不必要的想法或字句盘旋（　　）
4．头晕或昏倒（　　）
5．对异性的兴趣减退（　　）
6．对旁人责备求全（　　）
7．感觉他人能控制你的思想（　　）
8．责怪他人制造麻烦（　　）
9．忘记性大（　　）
10．担心自己的衣饰是否整齐及仪态是否端庄（　　）
11．容易烦恼和激动（　　）
12．胸痛（　　）
13．害怕空旷的场所或街道（　　）
14．感到自己的精力下降、活动减慢（　　）
15．想结束自己的生命（　　）
16．听到旁人听不到声音（　　）
17．发抖（　　）
18．感觉大多数人都不可信任（　　）
19．食欲缺乏（　　）

（待　续）

（续　表）

20．容易哭泣（　　）
21．与异性相处时感到害羞、不自在（　　）
22．感到受骗，中了圈套或有人想抓住自己（　　）
23．无缘无故地感到害怕（　　）
24．自己不能控制大发脾气（　　）
25．害怕单独出门（　　）
26．经常责怪自己（　　）
27．腰痛（　　）
28．感到难以完成任务（　　）
29．感到孤独（　　）
30．感到苦闷（　　）
31．过分担忧（　　）
32．对事物不感兴趣（　　）
33．感到害怕（　　）
34．感情容易受到伤害（　　）
35．感觉旁人能知道你的私下想法（　　）
36．感到他人不理解你、不同情你（　　）
37．感到他人对你不友好，不喜欢你（　　）
38．做事情必须做得很慢以保证做正确（　　）
39．心跳得厉害（　　）
40．恶心或胃部不适（　　）
41．感觉比不上他人（　　）
42．肌肉酸痛（　　）
43．感到有人在监视你、谈论你（　　）

（待　续）

（续　表）

44. 难以入睡（　　）
45. 做事必须反复检查（　　）
46. 难以做出决定（　　）
47. 怕乘电车、公共汽车、地铁或火车（　　）
48. 呼吸困难（　　）
49. 一阵阵发冷或发热（　　）
50. 因为感到害怕而避开某些东西、场合或活动（　　）
51. 大脑变空了（　　）
52. 身体发麻或刺痛（　　）
53. 后来有梗塞感（　　）
54. 感到前途没有希望（　　）
55. 不能集中注意力（　　）
56. 感到身体的某一部分软弱无力（　　）
57. 感到紧张或容易紧张（　　）
58. 感到手或足发重（　　）
59. 感到死亡的事情（　　）
60. 吃得太多（　　）
61. 当别人看着你或谈论你时感到不自在（　　）
62. 有一些属于你自己的看法（　　）
63. 有想打人或伤害他人的冲动（　　）
64. 醒得太早（　　）
65. 必须反复洗手、清点数目或触摸某些东西（　　）
66. 睡得不稳、不深（　　）
67. 有想摔坏或破坏东西的冲动（　　）

（待　续）

（续　表）

68．有一些他人没有的想法或念头（　　）
69．感到对他人神经过敏（　　）
70．在商场或电影院等人多的地方感到不自在（　　）
71．感到任何事情都很困难（　　）
72．一阵阵恐惧或惊恐（　　）
73．感到在公共场合吃东西很不舒服（　　）
74．经常与他人争论（　　）
75．单独一个人时神经很紧张（　　）
76．他人对你的成绩没有做出恰当的评论（　　）
77．即使和别人在一起也感到孤独（　　）
78．感到坐立不安心神不定（　　）
79．感到自己没有什么价值（　　）
80．感到熟悉的东西变得陌生或不像是真的（　　）
81．大叫或摔东西（　　）
82．害怕会在公共场合昏倒（　　）
83．感到他人想占自己的便宜（　　）
84．为一些有关“性”的想法而苦恼（　　）
85．你认为应该因为自己的过错而受惩罚（　　）
86．感觉要赶快把事情做完（　　）
87．感觉自己的身体有严重问题（　　）
88．从未感觉和其他人亲近（　　）
89．感觉自己有罪（　　）
90．感觉自己的脑子有毛病（　　）

注：本量表一般采取0～4级的评分标准。总分超过70分，测试者可能存在某种心理障碍。并且，任一因子分超过1分被视为阳性，说明可能存在着该因子所代表的心理障碍。因子分＝组成某一因子的各项总分／组成某一因子的项目数。本量表共包括10个因子，每一个因子反映受检者1个方面的情况。①躯体化症状，1、4、12、27、40、42、48、49、52、53、56、58，

共12项。②强迫症状，3、9、10、28、38、45、46、51、55、65，共10项。③人际关系敏感，6、21、34、36、37、41、61、69、73，共9项。④抑郁，5、14、15、20、22、26、29、30、31、32、54、71、79，共13项。⑤焦虑，2、17、23、33、39、57、72、78、80、86，共10项。⑥敌对，11、24、63、67、74、81，共6项。⑦恐惧，13、25、47、50、70、75、82，共7项。⑧偏执，8、18、43、68、76、83，共6项。⑨精神病性症状，7、16、35、62、77、84、85、87、88、90，共10项。⑩其他，19、44、59、60、64、66、89，共7项，主要反映睡眠及饮食情况